新용산시대

新 용산시대

용산을 알면
돈이 보인다

손동우·정석환·유준호 지음

매일경제신문사

CONTENTS

01

새롭게 주목받는 용산

대한민국
'정치 1번지' 용산

———

대한민국의 중심축이 용산으로 이동하고 있다. 윤석열 대통령이 "국민에게 청와대를 돌려 드리겠다"고 선언한 뒤 집무실을 종전 국방부 청사로 전격 이전하면서 용산은 명실상부 '대한민국 정치 1번지' 역할을 하게 됐다. 서울 용산구 국방부 청사에 대통령을 상징하는 봉황 장식이 걸린 것은 '용산 시대' 개막을 알리는 신호탄이다.

대통령이
용산으로 간 까닭은?

"공간이 의식을 지배한다."

윤 대통령은 북한산 기슭에 있는 청와대가 자유 민주주의 원리에 역행하는 '구중궁궐'과 같다고 봤다. 그가 역대 대통령들의 일터였던 청와대를 떠나 용산 국방부 청사로 집무실을 옮긴 이유다. 당선인 신분일 때 밝혔던 그의 집무실 이전 구상은 야당의 강한 반대에 직면하며 정쟁의 대상이 되기도 했지만 결국 대통령은 용산으로 가고, 기존 청와대는 곧바로 일반 시민들에게 전면 개방하게 됐다.

윤 대통령은 대선 후보 시절부터 조직 구도도, 일하는 방식도 전혀 다른 새로운 개념의 대통령실을 만들겠다고 공약했다. 그가 청와대 밖으로 나오기로 한 것은 일종의 역사 청산이다. 대통령과 그 참모들에게 집중된 권한을 분산해 역대 정권이 보여 왔던 '청와대 정부'라는 오명을 떼겠다는 구상이었다. 제왕적 대통령제에 대한 틀을 깨겠다는 선언인 셈이다.

숱한 반대를 낳았다. 경호와 보안의 취약점은 물론, 안보 공백 우려도 제기됐다. 하지만 윤 대통령은 "단 하루도 청와대에 들어가지 않겠다"는 의지를 보였다. 당선인 시절 예비비 승인 문제를 두고 문재인 전 대통령과 신경전을 벌이며 '신구 권력 갈등'으로까지 비화하기도 했지만 윤 대통령은 집무실 이전을 고수했다. 새 관저도 용산구 소재의 외교부 장관 공간을 개조해 쓰는 것으로 일단락됐다.

2022년 5월 10일 서울 종로구 청와대에서 열린 정문 개문 기념 행사에서 시민들이 안으로 입장하고 있다.

"대한민국 최고 지성 용산에 모으겠다"

"최고 지성들과 공부하고 도시락을 시켜 먹으면서 아침부터 밤늦게까지 회의하는 대통령이 되고 싶다."
윤 대통령은 용산으로 대통령실 이전을 추진하면서 측근들에게 이 같은 말을 남긴 것으로 알려졌다. 대통령과 참모, 민간 전문가들이 한데 모여 일하는 공간을 그렸다는 얘기다. 기존

청와대는 대통령 집무실과 비서실 등이 분리된 공간에 위치한 데다 민간 전문가들은 출입 시 검문을 거쳐야 했다. 용산 국방부 신청사 대통령실은 윤 대통령의 국정 운영 구상의 핵심으로, 참모·전문가들과 한 건물, 한 공간에서 부대끼며 국정을 논의하다 보면 제왕적 대통령제가 자연스럽게 해체될 수 있다는 구상이다.
대통령 집무실에는 윤 대통령의 구상이 구현돼 있다. 그는 국방부 청사 2층

제20대 대통령 취임을 앞둔 2022년 5월 8일 대통령 집무실이 들어설
서울 용산구 국방부 청사에 작업자들이 새 정부 출범을 기념하는 현수막을 걸고 있다.

의 주 집무실과 5층의 보조 집무실을 오가며 일한다. 2층은 대통령 비서실장 사무실과 부속실, 경호처 관계자들이 쓰는 일부를 빼면 전부 대통령 업무 공간으로 꾸며진다. 국무회의나 수석보좌관회의 등이 2층에서 열린다. 정상회담은 물론 외빈을 위한 환영 만찬도 이곳에서 이뤄질 수 있다.

3층에는 5개 수석실이 마련된다. 대통령 집무실을 수시로 오르내리며 소통할 수 있도록 수석실을 배치했다. 대통령 보조 집무실로 쓰는 5층 위아래로는 비서실과 민간 합동위원회 사무실이 배치된다. 대통령 집무실과 내각회의실 · 부통령실 · 비서실장실 · 대변인실 · 국가안보보좌관실 등을 근

윤석열 대통령실 비서관급 인선

*는 한시적 직제

직책		이름 (나이)	학력	경력
정책조정 기획관실	정책조정기획관	장성민 (59)	서강대 정치외교학	세계와동북아평화포럼 이사장
	기획비서관	박성훈 (51)	서울대 정치학	전 부산시 경제부시장
	연설기록비서관	김동조 (51)	경희대 무역학	벨로서티인베스터 대표
	미래전략비서관*	김윤일 (57)	서울대 법학	부산시 경제부시장
경제 수석실	경제금융비서관	김병환 (51)	서울대 경제학	기재부 경제정책국장
	산업정책비서관	강경성 (57)	울산대 전기공학	산업부 에너지산업실장
	중소벤처비서관	김성섭 (52)	서울대 경제학	중기부 지역기업정책관
	농해수비석관	김정희 (52)	이화여대 법학	농식품부 기획조정실장
	국토교통비서관	백원국 (55)	성균관대 건축공학	국토부 국토정책관
	과학기술비서관	조성경 (52)	고려대 식량자원학	명지대 방목기초교육대 교수
정무 수석실	정무비서관	홍지만 (54)	연세대 철학	전 SBS 기자, 19대 국회의원
	자치행정비서관	서승우 (54)	서울대 외교학	충북 행정부지사
비서실장 직속	총무비서관	윤재순 (59)	전남 기계공고	전 대검찰청 운영지원과장
	의전비서관	김일범 (49)	연세대 정치외교학	전 외교부 북미2과장
	국정과제비서관	임상준 (57)	고려대 행정학	국무조정실 기획총괄정책관
	국정상황실장	한오섭 (56)	한신대 철학	전 청와대 정무수석실 선임행정관
	공직기강비서관	이시원 (50)	서울대 공법학	전 수원지검 형사2부장
	법률비서관	주진우 (47)	서울대 공법학	전 서울동부지검 형사6부장
	관리비서관*	김오진 (56)	한양대 정치학	전 대통령실 총무1비서관

접한 거리에 배치해 소통할 수 있도록 한 미국 백악관 집무동 '웨스트윙'을 표방한 것이다. 대통령실 조직 개편 방향에도 윤 대통령의 의지가 담겼다. 국정 운영의 무게추를 각 소관 부처로 분산하면서 대통령실 규모를 대폭 축소하고, 정책 조정과 조율 기능에 집중하기로 했다. 정책실장을 없애고, 8수석 · 2보좌관을 5수석 · 2기획관으로 줄였다. 그에 따라 대통령실 전체 인원도 450명 내외에서 300명 내외로 줄었다.

규모가 줄어드는 대신 '에이스 관료'들을 중심으로 한 정예 참모진이 대통령실을 뒷받침한다. 큰 그림의 국정을 경험한 이들이 다시 부처로 돌아가 정책 입안·시행을 이끌 것이라는 기대감이 나온다. 윤 대통령은 경제수석실·사회수석실에 국장급 공무원들을 비서관으로 들였으며, 선임행정관과 행정관으로도 관료들이 상당수 들어올 것으로 예상된다.

민간, 언론과의 소통 강화도 '용산 시대'의 한 축이다. 대통령실 건물 1층에 기자실과 브리핑룸을 뒀다. 참모들은 물론 대통령도 기자들과 한 건물에 있으면서 상시로 접촉하겠다는 의중이다. 아울러 민관 합동위원회에는 외국인을 포함한 민간 전문가가 들어와 국가적 의제를 발굴할 예정이다. 대통령실이 명실상부 '대한민국 최고의 공무원들과 최고의 민간 인재들이 하나로 뒤섞여 일하는 곳'으로 변모하는 것이다.

국민과의 거리도 좁힌다. 대통령실 앞뜰을 시민에게 개방하고, 대통령 집무실과 공원 사이에 2.4m 높이의 철제 펜스만 칠 예정이다. 국민이 펜스 너머로 대통령과 비서진이 일하는 모습을 들여다볼 수 있게 하겠다는 것이다. 대통령 집무실과 직선거리로 250~300m 떨어진 헬기장은 잔디광장으로 탈바꿈한다. 현 청와대 안 녹지원의 2배가량 되는 규모다.

3권 수장의 거처가 한자리에

용산은 입법·사법·행정 3권 수장의 거처가 모두 모여 있는 곳으로 탈바꿈한다. 용산구 한남동 국회의장·대법원장 공관에 더해 현 외교부 장관 공관이 대통령 관저로 바뀌면서다. 3권 수장의 관저·공관이 지근거리에 모이는 것은 이번이 처음이다. 현재 한남동 공관촌에는 이들 공관을 비롯해 국방부 장관·합동참모의장·육군참모총장·한미연합군사령부 부사령관·해병대 사령관 공관 등 8개 공관이 모여 있다. 한남동 주변에는 54개국의 공관도 몰려 있다.

대통령 관저로 낙점된 외교부 장관 공관의 경우 문재인정부 들어 12억원을 들여 시설을 개선하는 등 비교적 잘 관리돼 온 점이 고려됐다. 대지 면적 1만4710㎡(약 4450평)에 건물 면적 1434㎡(약 434평)로, 생활 공간 외

새 대통령 관저로 확정된 용산구 한남동 외교부 장관 공관

에 면담, 연회, 만찬 용도의 별도 공간
을 갖춰 외교 행사에 최적화됐다는 평
가다.

'관저'라는 명칭은 대통령이 사는 곳에
만 사용한다. 외교부 장관 공관이 대
통령 관저가 되면서 명실상부한 '한
남동 관저타운'으로 거듭나게 된 것이
다. 이로써 용산구 한남동 공관촌은
입법 · 사법 · 행정 3권 수장의 거처가
모두 모여 있는 '정치 1번지'로 변모하
게 됐다.

서울의 중심,
마지막 기회의 땅 용산

———

대통령 집무실 이전을 계기로 '용산 개발'이 새로운 관심을 받고 있지만 부동산개발 업계와 도시계획 전문가들은 이미 용산이 지닌 폭발력을 인지하고 있었다. 서울 한복판에 위치한 용산은 역사 · 문화의 광화문 업무지구, 금융의 여의도 업무지구, 정보기술(IT)을 포함한 강남 업무지구 등 서울 3도심의 중심축에 위치하고 있다.

서울의 마지막 남은
'노른자위 땅'

1970년대에 강남 개발이 이뤄지면
서 용산은 지리적으로 광화문·여의
도·강남 3개 도심의 정중앙에 위치
한 서울의 중심축이 됐다. 서울의 '노
른자위 땅'이자 KTX를 비롯한 교통의
중심지다. 특히 용산 한복판에 위치했
던 미군기지가 단계적으로 경기도 평
택으로 이전되면서 용산이 진정한 서
울의 얼굴이 될 것이란 기대감이 높아
지고 있다.

도시개발 전문가들은 대통령 집무실
이전에만 집중할 게 아니라 좁게는 용
산, 넓게는 광화문 일대까지 아우르는
도시개발 마스터 플랜으로 개발해야
한다는 목소리를 내고 있다. 대통령

집무실 이전이 기폭제가 돼 '용산 개
발'이 새 정부 출범 이후 국가급 프로
젝트로 추신돼야 한다는 주장이다. 김
현수 전 대한국토·도시계획학회장
(단국대 교수)은 "용산은 입지가 좋을
뿐 아니라 서울의 실질적인 마지막 개
발지로서 큰 의미를 가진다"며 "서울,
더 나아가 한국을 상징할 수 있는 종
합개발계획(마스터 플랜)이 필요하다"
고 말했다.

도시계획 전문가
"개발 기폭제 된
집무실 이전…
다양한 상상력 제공"

실제 매경미디어그룹 국민보고대회
팀이 국내 도시개발 전문가에게 문의

한 결과, 용산 집무실 이전을 두고 새로운 상상력을 발휘할 수 있는 기폭제가 될 수 있다는 평가를 내놨다. 정치적으로 좋고 나쁨을 떠나 우리나라에도 수도 서울 도심개발이라는 새로운 신화가 만들어질 수 있는 기회가 된다는 것이다. 특히 서울 한복판에 위치한 용산은 역사와 문화, 자연과 생태, 정치와 행정에 이르기까지 도시계획에 담아낼 소재가 풍부하다는 평가를 받는다.

용산을 서울과 대한민국의 중심축으로 재단장하는 것과 관련해 미국 워싱턴DC의 내셔널몰(National Mall)을 롤모델로 꼽는 전문가들이 많다. 내셔널몰은 워싱턴DC의 중심으로 서쪽 끝 링컨기념관에서 동쪽 끝 연방의사당까지 약 3.5km다. 이 축에는 미국 민주주의의 상징적인 건물들이 위치해 있다. 가장 높은 언덕에는 국회의사당이, 두 번째로 높은 곳에는 백악관이 있다.

실제 세계 정세를 주도하는 백악관과 미국 연방의회는 도시 공간에 많은 이야깃거리를 남겼다. 미국 대통령의 취임식에는 200만명의 인파가 몰리는가

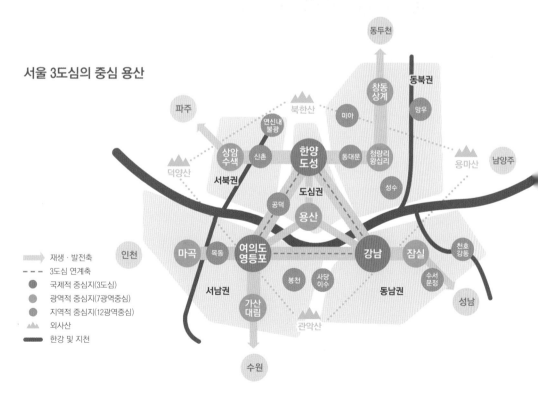

서울 3도심의 중심 용산

조 바이든 미국 대통령 취임식을 앞두고 미 국회의사당 앞에 펼쳐진 대형 성조기

하면, 백악관의 새 주인을 환영하는 날이면 형형색색의 불꽃이 내셔널몰의 하늘을 수놓곤 한다. 1963년 마틴 루서 킹 목사는 링컨기념관 앞에서 '나에게는 꿈이 있습니다(I have a dream)'라는 유명한 연설을 하기도 했다.

지난 21년간 서울의 각종 도시설계 용역을 맡아 온 김현호 디에이건축 대표는 "용산 개발은 나온 지 20년도 더 된 이야기지만 새로운 스토리를 만들 수 있는 기회가 많지 않았고, 계획 수립 시점마다 비슷한 이야기가 반복돼 온 측면이 있다"며 "특히 용산공원은 문화와 생태 중심의 공원으로 계획돼 있었는데, 우리나라 정치의 중심이 이쪽으로 옮겨 오게 되면 문화와 역사, 행정이 함께 녹아든 공간으로 조성 가능하다"고 평가했다.

유명 베스트셀러 작가이자 건축가인 유현준 홍익대 건축학과 교수도 용산

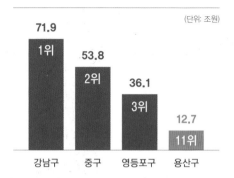

서울 자치구별 지역내총생산

(단위: 조원)

71.9 — 1위 (강남구)
53.8 — 2위 (중구)
36.1 — 3위 (영등포구)
12.7 — 11위 (용산구)

자료: 서울시

집무실 이전에 대해 도심개발의 기폭제가 될 수 있는 '신의 한 수'라고 표현했다. 그는 워싱턴DC를 사례로 들었다. 유 교수는 "백악관을 보면 앞에 워싱턴 내셔널몰 같은 기념관들이 있고, 거기에서 약간 언덕으로 올라가게 돼 있다"며 "용산 집무실 역시 그런 구조로 나올 수 있을 것 같다는 생각을 한다"고 말했다.

다만 용산은 서울 한복판에 있는데도 제대로 된 역할을 못하고 있다. 서울 자치구별 지역내총생산 규모를 따져보면 서울 중심부인 용산의 공백이 여실히 드러난다. 강남구는 지역내총생산(2019년 기준)이 71조8527억원으로 서울의 지역내총생산 435조9272억원의 16.5%를 차지해 비중이 가장 컸다.

중구(53조8232억원)와 영등포구(36조955억원) 등 서울의 다른 도심권이 강남구의 뒤를 이었다. 용산구는 12조6955억원으로 서울 25개 자치구의 평균인 17조4371억원을 밑돈다.

김승배 한국부동산개발협회장(피데스개발 대표)도 "서울의 3대 업무지구인 광화문·여의도·강남을 중심부에서 잇는 용산의 개발 지체로 인해 서울의 도시 경쟁력이 시너지를 발휘하지 못하는 상황"이라고 지적했다.

"서울 경쟁력의 코어" 정치권도 힘 실어

서울의 중심부인 용산을 재창조해야 한다는 목소리는 정치권에서도 강하게 나오고 있다. 우선 윤 대통령부터 국가 중심지로서 용산의 위상을 강조했다. 2022년 5월 매경미디어그룹이 개최한 제32차 국민보고대회에 참석한 윤 대통령은 "용산은 예로부터 군사적 요충지이자 교통의 중심지로 격동의 세월과 질곡의 근현대사를 함께해 왔다"며 "무한한 잠재력을 지닌 용산, 그리고 서울이 시민에게 행복을

제32차 비전코리아 국민보고대회에서 축사하는 윤석열 대통령

주는 것은 물론이고 경제와 문화가 살아 숨 쉬는 역동적인 도시로 발돋움해서 더 많은 세계인에게 사랑 받는 도시가 되길 기대한다"고 밝혔다.

같은 날 오세훈 서울시장도 "1970년부터 강남 개발과 함께 서울이 확장되면서 서울의 중심축이 된 용산은 서울 도심, 여의도, 강남 등 3도심의 정중앙에 위치한 서울 경쟁력의 코어"라며

"용산이 대통령 집무실이라는 정치 중심의 공간 이전을 계기로 100년에 한 번 있을까 말까 한 기회를 맞이하고 있다"고 평가했다.

용산의 가치는
역사가 증명한다

———

'용산(龍山)'은 이곳 언덕에 용이 나타났다고 해서 붙은 이름이다.
(증보문헌비고)

용산이란 지명은 전국 각지에 무수히 많다. 지형이 용의 형상을 닮
았거나, 임금이 행차했던 지역에 관습적으로 붙였다. 서울 용산은
1102년 고려 숙종 때 수도를 개성에서 한양 일대로 옮기려던 당시
후보지로 꼽히던 곳 중 하나였다. 풍수(風水)로 보면 용산은 산을 등
지고 물을 바라보는 전형적인 '배산임수(背山臨水)' 지형이다. 남산
이란 큰 산을 등지고 있고, 둔지산(해발 65m)이란 작은 산이 바람을
막아주며, 한강을 내려다보는 남향이다.

용산의 지명도 지형에서 유래됐다. 인왕산에서 안산으로 뻗어 내린
서울 백호 지맥의 한 줄기가 만리재와 청파동을 거쳐 한강까지 이어
지는데, 그 형상이 용과 비슷해 이 일대를 용산(龍山)이라고 불렀다
고 전해진다. 서울 한복판에 자리한 용산은 평지가 많고 한강 물길
이 닿는 교통의 요지였다. 남산이 성벽 역할을 해 군사적으로 유리
하고, 한강이 있어 물류 수송도 편리했다.

현재 후암동과 서빙고동 사이 약 3.3km 길이의 길은 도성을 빠져나
온 조선통신사가 일본으로 향해 가는 길목이기도 했다. 조선 시대
용산에는 한양으로 들어가는 군수물자가 집결하던 관청인 군자감(軍
資監)이 있었다. 경복궁이 있는 광화문에서 한강으로 이동하는 길목
인 용산은 조선 시대에 전국 각지의 물건들이 모이는 집하장이었던
셈이다.

외세도 가치를
먼저 알아봤다

용은 왕(王)을 뜻하지만 용산은 땅이 그 이름대로 쓰이질 못했다. 우리나라에 들어왔던 외국 세력이 서울에서 가장 먼저 이곳을 눈여겨보면서 '왕'보다는 '군대(兵)'와 인연이 깊었다. 13세기 고려 시대에는 몽골군이 일본 정벌을 위한 병참기지로 용산을 활용했고, 임진왜란 때에는 왜군이 이곳에 기지를 됐다.

용산에 본격적으로 외국 군대가 주둔하게 된 건 조선 시대 말이다. 1882년 임오군란을 계기로 조선에 들어온 청나라 군대가 용산에 주둔했고, 청일전쟁 때 일본군이 상륙한 곳도 용산이었다. 1904년 러일전쟁이 발발하자 일본군은 용산에 자리를 잡았고 한일의정서를 내세워 용산 일대 300만평(약 1000만㎡)을 군용지로 강제 수용하면서 용산은 일반인에게 '금단의 땅'이 됐다.

일제의 한반도 식민지화가 진행되던 1889~1918년에는 용산에 일본 대륙 진출의 발판인 철도가 건설되고 일제 군사기지(사령부)가 구축됐다. 1906년부터 1913년까지 용산 일대에는 일본군의 주요 군사시설이 속속 들어섰다. 1910년 8월 경술국치와 함께 용산 기지에 보병 15개 중대가 배치됐고, 1921년에는 20사단이 편성됐다. 이후 1945년까지 용산은 대륙 침략을 위한 일제의 동원기지 역할을 했다. 1938년부터는 강제 동원되는 조선 청년의 입영 장소로 사용되기도 했다.

1945년 광복을 맞고, 우리나라를 침략했던 일본과의 악연을 끊어 냈지만 용산은 바로 국민의 품으로 돌아오지 못

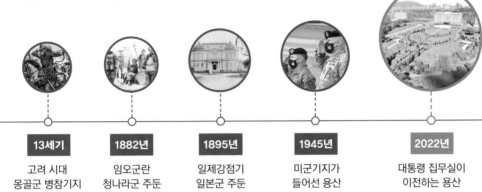

용산의 어제와 오늘

13세기	1882년	1895년	1945년	2022년
고려 시대 몽골군 병참기지	임오군란 청나라군 주둔	일제강점기 일본군 주둔	미군기지가 들어선 용산	대통령 집무실이 이전하는 용산

했다. 광복 이후 미 7사단이 인천으로 상륙한 뒤 용산기지에 진주했다. 대한민국 정부 수립 후 국방부와 육군본부가 용산으로 이전했으나 한국전쟁 발발로 다시 미군이 주둔하게 됐다. 1952년 정부가 용산기지를 미국에 공여했고 정전(停戰)협정 직후인 1953년 9월 미 8군사령부가 용산으로 이전하면서 용산은 주한미군 부대의 근거지가 됐다. 같은 해 한미상호방위조약 체결로 미군 주둔의 법적 근거가 마련되면서 일본 도쿄에 있던 유엔군사령부가 1957년 용산으로 옮겨 왔고, 그해 주한미군사령부도 창설돼 용산에 자리 잡았다. 1978년에는 한미연합군사령부도 들어왔다.

용산에는 외국 군대를 따라 이국의 문물도 함께 들어왔다. 임오군란 때 청나라군에 필요한 물품을 공급하려고 이주한 중국 상인들이 부대 인근에 자리 잡은 것이 우리나라 차이나타운의 기원인 것으로 알려져 있다. 일제강점기에는 기지 주변에 기지촌이 형성되며 일본인 거리가 생겨났고 미군이 진주한 뒤에는 인근 이태원에 이들을 상대로 한 상가와 환락가가 조성됐다.

전기가 마련된 것은 1987년이다. 당시 대통령 후보였던 노태우 전 대통령은 '전시작전통제권 환수 및 용산기지 이전'을 공약으로 제시했다. 이후 1990년 6월 한미 정부는 용산기지를 이전하는 내용의 기본합의서와 양해각서를 체결했고, 이는 △한미 정상 간 용산기지 이전 합의(2003년) △용산기지 이전협정(YRP) 체결(2004년) △용산 국가공원 조성 결정(2005년) △'용산공원 조성 특별법' 제정(2007년) 등으로 이어졌다.

미군기지 반환에도 속도 붙는다

지난 70여 년간 미군에 자리를 내줬던 기회의 땅은 새로운 국가 중심지로의 도약을 눈앞에 두고 있다. 한미 양국은 2021년 7월 용지 반환 협의에서 전체 용지의 25%(50만㎡)를 '2022년 초'까지 반환하겠다는 목표를 세웠다. 하지만 2022년 2월에는 목표 시점이 '2022년 상반기'로 수정됐다. 지금까지 반환 받은 용산 미군기지 용지는 21만8000여 ㎡로, 전체 면적(203만㎡)의 10%를 약간 웃도는 수준에서 한미 양국은 협의를 이어 갔다.

새 정부가 용산에 둥지를 틀면서 반환 계획에도 속도가 나고 있다. 미국 측이 대통령 집무실 이전과 관련해 적극 협조하겠다는 의사를 밝히면서 속도가 붙지 않았던 용지 반환 협의가 급물살을 탔다. 윤석열정부는 주한미군이 조기 반환할 국방부 남쪽 용지 약 50만㎡ 중 일부를 잔디밭과 문화·스포츠시설 등으로 꾸밀 방침이다.

용지 반환에 속도가 나면서 100년 이상 외국군이 주둔했던 용산은 향후 누구나 접근 가능한 대규모 녹지 공간으로 탈바꿈할 채비를 하기 시작했다. 앞서 2006년에 용산기지 국가공원화 선포식이 있었고, 2007년에는 용산공원 조성 특별법이 제정됐다. 북한산부터 관악산까지 이어지는 서울의 남북 녹지축과 동서수경축인 한강이 만나는 중심에 있는 이곳은 대기 질 악화와 폭염, 기후변화로 답답해진 대도시 서울에 숨 쉬는 허파가 될 수 있는 곳으로 평가된다.

하늘에서 본 용산 미군기지

역사문화의 보고,
용산

프랑스 파리의 대학생 마리아는 코로나19 종식 후 최대 규모로 열리는 방탄소년단(BTS) 콘서트를 관람하기 위해 난생처음 서울 관광을 떠난다. 남산서울타워와 한강이 보이는 용산 호텔에 숙소를 잡고, 티켓 하나로 용산 일대 박물관 · 미술관을 관람하는 '뮤지엄 패스'와 시티투어버스를 예약한다.

3박4일간 3회 공연을 모두 관람하지만 낮에는 용산 일대 명소를 둘러볼 계획이다. 첫 방문지는 하이브 본사 전시장 '하이브 인사이트'다. 걸어서 대통령 집무실 주변 공원을 방문해 기념사진을 찍는다. 이튿날에도 BTS 리더 RM이 자주 찾는 국립중앙박물관과 리움미술관을 방문해 한국 미술과 만난다. 3일 차에는 동대문에서 K패션 쇼핑을 하고 마지막 날 밤에는 한강공원에서 '치맥(치킨+맥주)'을 먹으며 여행을 마무리한다.

코로나19 종식 후 서울로 몰려올 해외 K컬처 팬들의 가상(假想) 관광 일정이다. 이들의 여정은 '아미'(BTS 팬클럽)의 성지인 용산을 중심으로 짜일 가능성이 높다. 이를 대비해 'K관광 허브'로 용산을 육성해야 한다는 목소리가 커지고 있다. 김경환 서강대 경제학부 교수는 "용산은 간단한 셔틀버스만 있어도 (역사 · 예술지구의) 연결성이 개선될 수 있다. 광화문 권역과 쉽게 연결되고 이태원도 가까워 매력적인 허브가 될 수 있다. 용산이 서울의 얼굴을 달라지게 할 문화 · 역사 · 여가 공간으로 거듭나야 한다"고 말했다.

대한민국 '문화 1번지' 가능성 품어

현재 용산에는 국립중앙박물관, 전쟁기념관, 국립한글박물관 등 한국을 대표하는 박물관·기념관이 대거 밀집해 있다. 한국을 찾은 관광객들이 전쟁을 겪은 한국의 역사와 한글 등 문화유산을 처음으로 만나는 관광 1번지 역할을 충분히 할 수 있는 여건이다.

국립중앙박물관은 5000년 문화사를 품고 있고 한국 문화의 원류를 찾아가게끔 유도하는 최적의 공간이다. 게다가 관람객 수(2021년 126만명)를 기준으로 세계 10대 뮤지엄으로 꼽히고, 한류 스타들의 '인증샷' 열풍으로 MZ세대의 성지가 된 지 오래다.

한남동에 있는 리움미술관은 국내 최고의 사립 미술관이다. 데이미언 허스트, 알베르토 자코메티 등의 세계적 미술품뿐 아니라 김정희, 김홍도, 신윤복, 정선 등의 고미술과 국보 36점을 보유하고 있다. 관광의 '화룡점정'은 용산 하이브 사옥의 뮤지엄 '하이브 인사이트'다. 지하 1~2층에 4700㎡ 규모로 조성된 이곳에는 BTS, 투모로우바이투게더(TXT) 등의 음악 역사는 물론이고 이들과 협업한 세계적 미술가들의 작품이 대거 걸려 있다. 용산에서 멀지 않은 성수동 SM엔터테인먼트 사옥과 홍대 YG엔터테인먼트 사옥도 한류 관광을 위한 필수 코스가 될 수 있다.

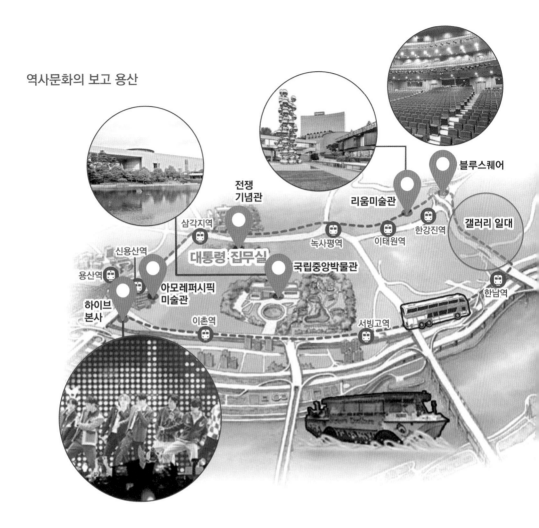

역사문화의 보고 용산

블루스퀘어

전쟁
기념관

리움미술관

갤러리 일대

삼각지역

녹사평역

이태원역

한강진역

신용산역

대통령·집무실

용산역

국립중앙박물관

한남역

아모레퍼시픽
미술관

하이브
본사

이촌역

서빙고역

"용산, 외국인 관광객
1000만명 유치도 가능"

신(新)용산 시대를 앞두고 관광업계도 들뜨고 있다. 관광도시 구성의 3대 핵심축인 볼거리·할(즐길) 거리·먹거리를 모두 갖춘 천혜의 공간이어서다. 관광 전문가들은 용산에 K콘텐츠 한류의 핵심으로 떠오른 BTS 본거지인 하이브 본사가 들어섰고, 이를 K아트의 본산인 리움미술관, 세계 10대 박물관으로 꼽히는 국립중앙박물관과 연결하는 K관광로드 허브를 구축하면 관광객 1000만명 유치도 가능하다고 전망한다.

K관광 허브 구축의 핵심은 '연결'이

다. 관광 전문가들은 외국인들이 주로 이용하는 시그니처 시티투어버스와 코리아투어카드(교통 결제 및 할인 전용 선불카드)에 주목하고 있다.

관광 허브 용산의 강점은 또 있다. 바로 '용리단길'이다. 배후는 이태원 세계음식문화거리가 받친다.

서울 지하철 4호선 신용산역과 삼각지역 사이를 뜻하는 용리단길은 코로나19 사태 이후 글로벌 먹방 핫플레이스로 돌변했다. 이곳 주변 레스토링에서 한국어 간판은 찾아볼 수조차 없다. 간판은 물론 화장실 · 와이파이 · 비상구 안내문까지 현지어로 표기한 현지 느낌 식당들이 몰려 있다. 라오스 · 베트남 · 이탈리아 · 일본 · 중국 · 태국 · 홍콩 식당까지 음식 국적도 없는 게 없다.

이탈리아 출신 방송인 알베르토 몬디는 "한국에서 이탈리아 맛을 제대로 느낀 빵집(포카치아델라스트라다)을 이곳에서 찾았다"며 고향에 온 느낌이라고 극찬했다.

전문가들은 K뮤직 한류 붐을 조성할 노들섬 오페라하우스 부활과 용산공원 내 야외 공연장 설립도 강조한다. 박합수 건국대 부동산대학원 겸임교수는 "박물관과 K콘텐츠가 결합한 문화 · 관광 콘텐츠는 여태껏 없었다"며 "세계적으로도 유례가 없는 글로벌 음식로드 용리단길과 이태원 세계음식문화거리에서 하루를 마무리한다면 완벽한 관광 코스가 될 것"이라고 평가했다.

매일경제,
10년 전부터 '용산 시대' 제언

노르웨이에서 온 옌스 톤세트 씨(42)는 오피스텔 56층에 산다. 오전 6시 반에 일어나 인근 공원을 한 바퀴 산책하는 것으로 하루를 시작한다. 걸어서 5분 거리의 고층 오피스 빌딩으로 출근한다. 한국은 물론 미국·독일·노르웨이·중국·인도인이 뒤섞인 다국적 정보기술(IT) 벤처 업체에서 일한다.

회사 근처 이집트 음식점에서 지인과 만나 점심을 즐기며 최신 아이디어를 공유한다. 퇴근하고 10분을 걸어 도착한 곳은 풍광이 아름다운 기술대학원 캠퍼스. 톤세트 씨는 3D 프린팅 분야에서 사업 기회를 찾기 위해 이곳에서 산학협력 과정을 듣고 있다. 모든 차와 버스는 지하로 다니고 지상에선 차량을 찾을 수 없다. 드넓은 녹지가 펼쳐진 거리에는 세계 각국에서 온 미술품이 곳곳에 배치돼 있다. 클래식, 록, 힙합 등 장르를 불문하고 거리 공연이 끊이지 않는다.

10년 전 매일경제가 그려 냈던 미래 용산에 만들어질 원아시아 창조타운의 가상 모습이다. 용산 도심 개발을 통한 수도 서울 경쟁력 강화는 매일경제가 10년 전부터 지속적으로 주장해 왔던 주제다. 2012년 제20차 국민보고대회에서는 용산 도심개발을 위해 규제개혁을 주장했고, 2013년 제21차 국민보고대회에서는 미래 용산을 원아시아 창조타운으로 만들자는 제안을 내놨다. 2018년 제27차 국민보고대회에서는 미래 스마트시티의 핵심 지역으로 용산을 개발하자고 제안했다.

2013년
'창조도시 선언문'에서
전략 제시

특히 2013년 3월 제21차 국민보고대회
(주제 '원아시아 창조도시')에서 매일
경제는 '서울 창조도시 선언문'을 발표
해 각계각층의 주목을 받았다. 고 김
석철 명지대 석좌교수, 안건혁 서울대
교수, 권용우 성신여대 교수, 김경환
서강대 교수, 장대환 매경미디어그룹
회장이 공동으로 작성한 이 선언문은
"자유롭고 창의적인 지적 폭발을 자극
하기 위해 규제로부터 자유로운 특별
구역을 설정해야 한다"고 선언하고 서
울의 한복판인 용산을 핵심 지역으로
제시했다.

도시 경쟁력이 곧 국가 경쟁력이라는
인식에서 작성한 이 선언문은 성장과
일자리, 융합과 소통이 이뤄지는 공간
으로 용산이 재탄생해야 한다는 제안
을 담았지만 아직까지 실행에 옮기지
못했다.

매일경제가 용산에 제시하는 전략은
단순히 용지를 개발해 고층 건물로 재
개발하는 부동산 프로젝트가 아니었
다. 용산을 누구라도 한번은 가보고
싶고, 비즈니스를 펼치고 싶은 창조형
집결 공간으로 만들자는 복안이었다.
이렇게 만든 용산이 서울 전체 경쟁력
을 높이고, 더 나아가 한국의 성장 잠
재력까지 끌어낼 수 있는 촉매제 역할
을 할 수 있다는 판단에서였다.

2013년 당시 매일경제는 기존 용산 사
업을 원점에서 검토하고 미군기지 이
전 용지, 해방촌, 동부이촌동까지 포
함한 '그랜드 플랜'을 제시했다. 용산
초기 플랜을 공공 부문에서 주도해 철

2013년 제21차 국민보고대회에서 발표된 '서울 창조도시 선언문'의 표지

저히 도시계획 관점에서 바라봐야 한다는 것이었다.

당시 매일경제는 아시아 우수 인재들이 뒤엉켜 시너지 효과를 낼 수 있는 대학 캠퍼스를 용산에 신설할 것을 제안했다. 대학원생의 창의적인 아이디어가 혁신이 흐르는 맨해튼에서 잠재력을 발휘할 수 있을 것으로 기대하고 뉴욕 맨해튼 동부 루스벨트섬에 공학대학원 분교를 개설한 코넬대와 같은 사례를 국내에서도 만들자는 취지였다.

아울러 용산에 모든 행정적 절차를 원스톱으로 처리할 수 있는 '미니 행정부'를 설치해야 한다는 주장도 나왔다. 외국 인재들이 전입신고부터 세금 납부, 공과금까지 한 번에 처리할 수 있는 '패스트트랙' 행정출장소 개념이다. 매일경제는 5분 내에 환승이 이뤄지는 교통의 요지로 용산을 탈바꿈해야 한다는 구상을 밝히기도 했다.

매일경제의 제안에 대한 반응은 뜨거웠다. 당시 정홍원 국무총리는 매일경제의 '서울 창조도시 선언문'에 대해 "에너지와 자원의 과소비를 전제로 한 20세기형 도시를 보다 행복한 삶을 누

2013년 제21차 국민보고대회에 참석한 정홍원 당시 국무총리

리고 발전을 이룰 수 있는 공간으로 탈바꿈하고자 하는 노력은 인류사적으로 매우 의미 있는 일"이라며 찬사를 아끼지 않았다.

또한 그는 "국제화·개방화 시대에는 도시 경쟁력이 국가의 경쟁력"이라며 "오늘 국민보고대회는 도시 경쟁력을 더욱 향상시키기 위해 정부와 민간이 각자 무엇을 하고 어떻게 협력할 것인지를 논의하는 데 귀중한 바탕을 제공

해 준다"고 말했다. 당시 청와대와 정치권도 매일경제가 제시한 어젠다에 깊이 공감하면서 국정에 적극 반영할 뜻을 내비쳤다.

당시 건설업계 고위 경영진과 전문가들도 현재 침체된 건설경기 극복과 미래 먹거리 마련을 위해 정부가 도시재생에 나서야 한다고 한목소리를 냈다. 김정호 한국개발연구원(KDI) 국제정책대학원 교수는 "10년 전부터 체계적

도시발전 정책이 확립돼 있었다면 한국 국내총생산(GDP) 성장률은 더 높았을 것"이라며 "도시를 똑같이 개발할 수 없고 경제적 효과가 파급되도록 선택과 집중이 필요하다"고 말했다.

멈춘 용산 개발 시계 다시 돌려야

하지만 서울 한복판에 위치한 용산의 개발 시계는 10년 넘게 멈춰 서 있다. 2006년부터 추진된 국제업무지구 개발 사업이 무산되고, 미군기지 이전이 지연되면서 용산 개발은 차일피일 미뤄져 왔다. 용산을 한국판 롯폰기힐스, 국가특별지구, 스마트시티 등으로 개발하자고 제안했지만 세 차례에 걸친 제안은 박원순 전 서울시장의 도심 재생 사업에 막혀 빛을 보지 못했다. 2022년 5월 매일경제는 새 정부 대통령 집무실 이전을 계기로 용산을 랜드마크로 개발하고 이를 통해 서울의 도시 경쟁력을 높여야 한다는 차원에서 제32차 국민보고대회를 기획하고, 최근까지의 논의 결과를 집대성했다. 이제 용산의 마스터 플랜을 바탕으로 서울이 다시 뛰고, 대한민국이 위기를 극복할 원동력을 찾아야 할 때라는 판단에서다. 용산의 르네상스가 곧 대한민국의 르네상스를 이끌 것이라고 제시한 이번 국민보고대회는 국내 최대 도시계획 학술연구단체인 대한국토·도시계획학회에 자문해 진행됐다.

02

화려했던 용산의 꿈

단군 이래 최대 개발 프로젝트, 국제업무지구

전망대를 갖춘 높이 620m, 111층의 초고층 업무시설과 62층 규모의 6성급 호텔, 고급 주상복합 아파트와 레지던스 빌딩 등 초고층 건물 23개가 빼곡히 들어서는 세계적인 국제업무지구는 서울의 새로운 마천루가 된다. 15분 거리에 조성되는 여의도 면적 규모의 공원은 복잡한 서울의 숨통을 틔울 '도심의 허파'다. 경제 발전의 상징으로 시민들의 발을 자처해 온 녹슨 철로는 지하 공간으로 옮겨 가고, 동서로 양분됐던 지역은 드디어 하나가 된다. 한남동과 이촌동 일대 노후 주택은 초고층 신축 아파트 단지로 탈바꿈한다.

서울에 마지막으로 남은 '노른자 땅' 용산의 화려한 미래를 준비하기 위한 개발계획은 이미 여러 개 발표됐다. 대통령 집무실에서 서쪽으로 1㎞ 떨어진 용산 정비창엔 용산국제업무지구 개발 사업이, 메인포스트와 사우스포스트로 불리는 미군기지에는 용산공원 조성 사업이 계획돼 있었다. 동쪽에서는 한남뉴타운 재개발 사업과 유엔사 용지 및 수송부 용지 개발 사업 등이 진행 중이고, 현재 지상철도 구간인 경부선과 경의중앙선 지하화 계획도 이미 여러 차례 발표됐다. 정부와 지방자치단체, 민간 전문가와 건설업계 등 이해관계자들이 이미 용산이 가지고 있는 폭발적인 잠재력을 알고 있었다는 얘기다.

사업비만 31조원, 역대급 계획

용산국제업무지구는 대표적인 개발 계획이었다. 용산구 한강로3가, 이촌2동에 있는 용산역의 철도 차량 사업소와 그 주변 지역을 철거하고 대규모 업무지구와 명품 수변도시로 탈바꿈시키는 프로젝트다. 공사비만 31조원에 달한다.

국제업무지구라는 명칭이 등장한 것은 2001년이다. 국유재산이었던 용산 정비창 용지를 서울시가 '지구단위계획구역'으로 지정하면서 처음 국제업무지구라는 말이 나왔다. 당시만 해도 이 국유재산에 대한 특별한 계획은 없었고, '정비창 이전 등 여건 성숙 시 장기적인 계획으로 추진이 필요하다'는 단서 조항이 달렸다. 높지 않은 용적률과 고도 등 간단한 개발 항목들만이 첨부된 단순한 예정 계획에 불과했다.

2005년 한국철도공사(코레일) 출범은 이 땅의 운명을 뒤흔들었다. 이때 철도청 소유의 정비창 용지 등이 한국철도공사로 넘어갔고, 당시 운행 차량에 대한 명목으로 4조5000억원가량의 부

대규모 개발계획이 있었던 용산 철도 정비창 나대지

산재된 용산 개발계획

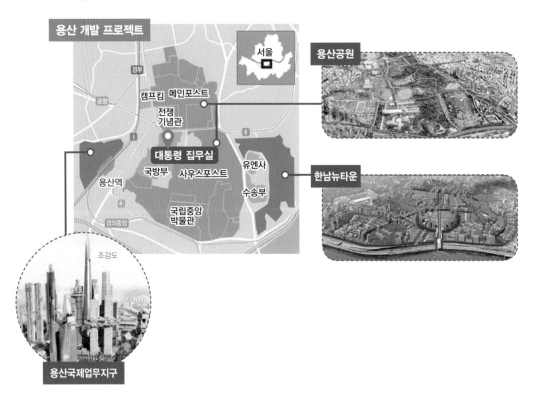

용산 개발 프로젝트

서울

용산공원

경부

캠프킴   메인포스트

전쟁
기념관

대통령 집무실

국방부   사우스포스트   유엔사

용산역   수송부

국립중앙
박물관

경의중앙

조감도

용산국제업무지구

한남뉴타운

채도 함께 넘어갔다. 당시 철도 부채를 해결하기 위해 정부 차원의 지원이 필요하다는 메시지가 2006년 대통령 연두 기자회견에서까지 등장할 정도였다. 결국 한국철도공사가 떠안은 부채가 용산국제업무지구 개발을 촉발하는 신호탄이 됐다.

2006년 8월 철도 경영 정상화 대책이 발표되고, 이때 용산역세권 개발이 처음 언급됐다. 같은 해 12월 '용산역세권 개발 사업자 공모'가 진행되며 공식적으로 용산역세권 개발의 첫발을 뗐다. 하지만 서울시가 2006년 9월에 발표한 '한강 르네상스' 프로젝트를 내세워 서부이촌동과의 통합 개발 등을 제시하며 개발에 제동이 걸렸다. 이후 2007년 7월 '한강 르네상스 마스터 플랜'이 전격 발표됐는데, 여기에 용산국제업무지구에 대한 거창한 계획이 대거 담겼다.

日 롯폰기힐스
5.6배의 대규모 개발 추진

용산국제업무지구는 개발 면적만 해도 용산철도기지 44만2000㎡와 서부이촌동 용지 12만4000㎡를 합쳐 56만6000㎡에 달한다. 모범적인 복합단지 개발 사례로 손꼽히는 일본 롯폰기힐스도 면적이 10만㎡에 못 미친다. 영국 신흥 금융 중심지인 커네리워프도 25만㎡ 수준이다. 이에 비하면 용산국제업무지구 면적은 롯폰기힐스의 5.6배, 커네리워프의 2배 이상이다.

이 가운데 업무시설이 172만㎡(약 52만평), 상업시설이 66만㎡(약 20만평), 주거시설이 46만㎡(약 14만평), 문화·기타시설이 33만㎡(약 10만평)를 차지한다. 당시 업무시설 가운데 66만㎡는 이미 외국계 금융사가 매수 의사를 밝히며 점찍어 뒀을 정도였다. 특히 컨소시엄에 참여한 기업뿐만 아니라 IBM, 오라클 등 세계적인 정보통신 기업도 참여를 검토하는 등 국제적으로 관심을 받았다.

당시 개발 사업을 이끌었던 한 건설사 임원은 "외국 기업들이 지금껏 서울에서 봤던 자리 가운데 최고 입지라며 가장 높은 점수를 매기고 적극적으로 매입·입주 의사를 밝히기도 했다"고 말했다.

2012년에 공개된
용산국제업무지구
축소 모형

대한민국
랜드마크 타워를 꿈꿨던
'트리플원'

용산 트리플원 조감도

용산국제업무지구에는 트리플원을 포함해 23개 마천루 빌딩이 들어설 계획이었다. 2012년에는 23개 마천루 빌딩 디자인이 처음 공개됐는데, 원추형 디자인의 트리플원, 한국 처마와 기와 모양을 재해석해 적용한 2개동의 부티크 오피스텔 등 건물 하나하나가 개성 있는 디자인을 뽐냈다.

당시 용산국제업무지구 시행사인 용산역세권개발은 삼우, 시아플랜, RPBW 등 국내외 설계업체들과 업무지구 내에 건설하는 총 23개 빌딩에 대한 최종 디자인을 확정해 발표했다. 행사장에는 뉴욕타임스타워를 설계한 렌초 피아노, 아랍에미리트(UAE) 두바이의 부르즈칼리파를 설계한 에이드리언 스미스, 9·11테러 이후 새롭게 짓고 있는 월드트레이드센터 디자이너인 대니얼 리버스킨드 등 세계적인 건축 거장 18명도 참석했다.

트리플원 설계자였던 렌초 피아노는 "트리플원은 단순한 빌딩의 한계를 넘어 전망대에서 서울 전역은 물론 인천

앞바다까지 바라볼 수 있는 땅과 하늘의 일부가 될 것"이라고 말하기도 했다. 렌초 피아노가 설계한 용산국제업무지구 내 랜드마크 빌딩 트리플원은 111층, 높이 620m로 당시 국내 최고층 빌딩이었다. 2016년에 완공된 잠실 롯데월드타워보다 100m 이상 높다. 계획대로 지어졌다면 부르즈칼리파(828m)와 중국 상하이의 상하이타워(632m)에 이어 세계에서 세 번째로 높은 건물이 될 뻔했다.

트리플원은 바람의 영향을 최소화하고 안정성을 확보하기 위해 원추형으로 디자인됐다. 최상부인 103~111층에는 전망대와 옥상공원이 마련되고, 저층부인 지상 1~4층에 들어서는 1200석 콘퍼런스홀은 K팝 등의 공연을 할 수 있는 극장으로 설계될 예정이었다. 당시 렌초 피아노는 "620m 빌딩은 더 이상 빌딩이 아니다"며 "사람과 건물의 교감을 표현하기 위해 춤추는 발레리나를 상징적으로 형상화했다"고 말했다.

47층(243m) 규모의 하모니타워는 용산국제업무지구 북서쪽 용산전자상가와 랜드마크 타워의 중간에 위치하며, 타워 외관은 한국의 전통 연등을 형상화했다. 블레이드타워(56층·293m)와 다이아고널타워(64층·362m)도 업무시설로 활용한다. 이 중 다이아고널타워는 단지 내에서 용산공원을 가장 잘 조망할 수 있는 최상의 입지 조건을 갖췄다는 평가를 받았다. 이들 빌딩은 모두 용산역에서 500m 이내의 거리에 있는 역세권에 배치됐다.

한국판 베벌리힐스도 표방

용산국제업무지구에는 최고급 주거시설도 대거 들어올 예정이었다. 주거상품의 대표 브랜드인 스카이워크 레지던스(52층·333m), 최고급 주거시설인 '펜토미니엄'과 '더 클라우드', 6성급 호텔과 고급 레지던스가 들어설 랜드마크 호텔(72층·385m) 등도 당시 독특한 디자인을 선보였다.

가장 주목받았던 상품은 최소 가구당 40억~400억원을 호가하는 274가구 규모의 펜토미니엄이다. 펜토미니엄은 펜트하우스와 콘도미니엄을 결합한 말이다. 실내 개인 수영장 등을 갖춘

용산국제업무지구 조감도

전용면적 132~592㎡ 규모의 프리미엄 주거지인 이곳은 중국 등 아시아 부호들을 대상으로 분양될 예정이었다. 당시 설계가인 헬무트 얀은 "초고층 타워이지만 단독주택과 같은 프라이버시를 제공하는 것을 콘셉트로 잡고 전 가구가 한강에 대해 '파노라믹 조망'을 할 수 있도록 남향으로 설계하는 데 심혈을 기울였다"고 말했다.

아울러 용산국제업무지구의 지하 공간은 대형 쇼핑몰로 계획돼 있었다. 코엑스몰의 6배에 이르는 세계 최대 규모로, 모든 건물이 지하로 연결되는 하나의 복합쇼핑몰을 준비하고 있었다.

국가상징거리,
한국판 샹젤리제도 꿈꿨다

용산은 국제업무지구처럼 빈 땅을 개발해 초고층 건물을 올리고 재개발하는 부동산 프로젝트만 진행된 곳이 아니었다. 서울 거점 지역을 하나로 묶어 도심을 가로지르는 길이 도시의 과거와 현재, 미래를 잇는 '국가상징거리'에 대한 구상도 있었다. 길을 거닐기만 해도 도시의 과거와 미래를 한눈에 볼 수 있는 프랑스 샹젤리제 거리가 롤모델이었다.

프랑스 샹젤리제, 역사와 현대를 잇는 구심점

'프랑스 역사의 축' 출발점이 루브르 박물관이라면 종점은 라데팡스다. 루브르박물관과 샹젤리제 거리, 개선문, 라데팡스는 직선으로 이어져 있다. 8㎞ 구간의 직선대로에는 군주국가(루브르궁)부터 프랑스 대혁명(콩코르드 광장), 부르주아 계급의 성장(샹젤리제 거리), 세계 자본주의의 상징(라데팡스)이 한 축을 이루고 있다. 프랑스의 역사와 미래를 보여주는 상징적 공간이다.

개선문은 역사도시의 구심점 역할을 한다. 개선문을 둘러싼 에투알 광장이 12개 대로와 연결돼 별 모양을 이루고 있다. 프랑스 파리 개선문 꼭대기 전망대에 올라가 보면 루브르박물관에서 콩코르드 광장, 샹젤리제 거리, 개선문에 이르는 동남쪽 축과 라데팡스 신개선문에 이르는 서북쪽 축이 일직선으로 연결돼 있음을 한눈에 알아차릴 수 있다.

이 축은 루브르궁~튀일리 정원~콩코르드 광장~샹젤리제 거리~개선문을 연결하는 프랑스에서 가장 중요한 도시계획이 파리 외곽인 라데팡스까지 확장된 것이다. 이 축을 두고 프랑스 혁명 기념일 군사 퍼레이드, 사이클 대회인 '투르 드 프랑스' 골인 등의 이벤트가 열리고, '문화유산의 날'에는 대통령이 거주하는 엘리제궁을 일반인에게 공개하기도 한다.

파리 서쪽 라데팡스 지역에 위치한 신개선문 '그랑드 아르슈(Grande Arche)'는 파리 외곽인 라데팡스의 상징이다. 1989년 7월 14일 프랑스혁명 200주년

샹젤리제 거리에서 열린 프랑스혁명 기념일 퍼레이드에 참석한 에마뉘엘 마크롱 프랑스 대통령

을 기념해 세워졌다. 높이 110.9m, 너비 106.9m의 거대한 건축물이며 그 가운데 1ha에 달하는 사각형 공간은 노트르담대성당이 들어갈 수 있을 정도로 크다. 나폴레옹의 개선문이 전쟁에서의 승리를 의미한다면 신개선문은 인류애의 승리를 주제로 설계됐다.

신개선문과 라데팡스는 프랑스의 현재와 미래를 상징한다. 신개선문 안에는 전시장과 회의장이 있으며, 입구 계단에서는 늘 파리 시민과 관광객들이 쉬고 있는 모습을 볼 수 있다. 최첨단 고층 빌딩숲 사이에는 칼더, 미로, 세자르, 타키스 등 현대미술가들의 야외

프랑스 신시가지 라데팡스

조각들이 있어 예술적 감각을 더해준다. 모든 자동차가 라데팡스 광장 지하를 통해 지나가기 때문에 보행자들은 넓은 광장을 자유롭게 거닐 수 있다.

더몰·내셔널몰 등
英·美도 국가상징거리 구축

영국 런던 트래펄가광장부터 버킹엄궁까지 이어지는 1㎞ 길이의 더몰은 영국의 중심축이다. 1911년 영국은 빅토리아 여왕을 기리기 위해 더몰을 조성했다. 트래펄가광장 남쪽 더몰 입구에는 애드미럴티 아치(Admiralty Arch)라는 개선문을 만들고, 고귀함을 상징하는 레드카펫처럼 보이기 위해 더몰 도로를 붉은색으로 물들였다. 이 도로 주변에는 왕실 산하 기관과 중앙부처, 관광자원 등이 밀집해 있다. 더몰은 왕국 행차식, 위병 교대, 군기분열식, 런던마라톤 시종점 등으로 이용된다.

미국 워싱턴DC 내셔널몰은 링컨기념

관부터 국회의사당까지 약 3.5㎞ 길이의 국가 중심축이다. 이 축에는 미국 민주주의의 상징적인 건물들이 배치돼 있다. 가장 높은 언덕에는 국회의사당, 두 번째로 높은 곳에는 백악관이 위치해 있다. 국가기념일, 주요 정치 행사, 역사적인 시위운동 등이 열린 공간이다.

우리도 10여 년 전
국가상징거리 구상

서울은 도심의 기본축이 되는 광화문

영국 런던 트래펄가광장

~용산~한강 일대가 토막 나 있어 연계성이 떨어진다는 평가를 받는다. 도시계획 전문가들이 용산 개발계획이 지역 자체에 국한되지 않고, 광화문과 한강 등 서울의 또 다른 중심축으로 확장돼 전개돼야 한다고 조언하는 이유다.

시도가 없었던 것은 아니다. 2008년 이명박정부가 추진한 국가상징거리가 대표적이다. 서울 도심의 중심축을 되살리고, 국가를 상징할 만한 '랜드마크'를 조성하겠다는 것을 목표로 추진됐다.

당시 정부는 대한민국 건국 60주년을 맞아 경복궁 맞은편에 현대사박물관을 건립하고 광화문~숭례문 일대를 국가상징거리로 조성하기로 했다. 국가상징거리가 조성되면 광화문에서 숭례문으로 이어지는 서울의 중심 가로축은 명실상부한 한국의 얼굴로 거듭날 것이라는 기대도 있었다.

당시 이명박 대통령은 대한민국 건국 60년 기념사업위원회 회의에서 "60년의 짧은 기간에 근대화와 민주화를 성취해 역사상 유례를 찾아 볼 수 없는 기적의 역사를 일궈 낸 우리 한국인 모두의 위대함에 경의를 표한다"며

"경복궁과 광화문 앞에서 숭례문까지 이어지는 거리 일대를 대한민국을 알리는 얼굴로서 국가상징거리로 조성해 글로벌 코리아의 상징거리로 만들어 가겠다"고 밝혔다. 당시 정부는 건국 60주년 기념 사업 추진 태스크포스(TF)를 발족해 기초조사와 사업 용역을 추진하고 국민 여론 수렴 절차를 거쳐 대통령 임기 내에 기념 사업을 마무리한다는 계획을 세웠다.

이후 계획은 10년 이상 답보 상태였다. 서울시가 2021년 6월 '광화문광장 보완·발전 계획'에 국가상징거리 조성 계획을 포함하면서 그나마 불씨를 되살렸다. 지금까지 알려진 계획대로라면 서울시는 광화문~서울역~용산~한강~노들섬~노량진을 잇는 7㎞ 거리에 국가상징거리를 조성할 예정이다. 서울시의 계획은 2009년 서울시와 정부가 공동으로 수행한 용역 결과와 큰 틀에서 맥을 같이할 것으로 보인다.

당시 계획은 △광화문 권역(경복궁~청계천)의 국가 역사문화 중추 공간 △시청 권역(청계천~숭례문)의 수도 도시문화 중심 공간 △서울역 권역(숭례문~서울역)의 국가 수도 관문·교류 공간 △용산 권역(서울역~노들섬)의 미래 신성장동력 공간 등으로 구성됐다. 서울시는 단순히 도로를 정비하는 차원을 넘어 큰 틀의 가이드라인을 설정해 도로의 연속성 등을 고려하는 한편, 가로수와 시설물들이 통합적인 디자인을 갖추도록 설계할 계획이었다.

아울러 수목터널을 꾸미거나 보행안전지대를 설정하는 등 방법으로 보행 쾌적성을 높이고, 도로에 시민이 활용할 수 있는 다양한 정보기술(IT)·디지털 매체를 설치할 예정이었다. 덕수궁 주변에는 1.12㎞ 둘레길을 조성하고, 대한성공회 서울대성당 앞에는 시민이 자유롭게 활용할 수 있는 3600㎡ 규모의 '문화마당'도 만들 계획이었다.

대한민국 브랜드 가치를 높이겠다는 것이 국가상징거리를 조성하는 의도였다. 프랑스의 개선문과 에펠탑, 미국의 자유의 여신상, 중국의 만리장성과 자금성처럼 외국인들이 '한국' 하면 떠오르는 이미지가 없기 때문이다. 세계의 석학이자 21세기의 몇 안 되는 지성으로 평가 받는 기 소르망 전 파리 정치대 교수가 2007년 이명박 당시 대통령을 만난 자리에서 "한국의 경제력

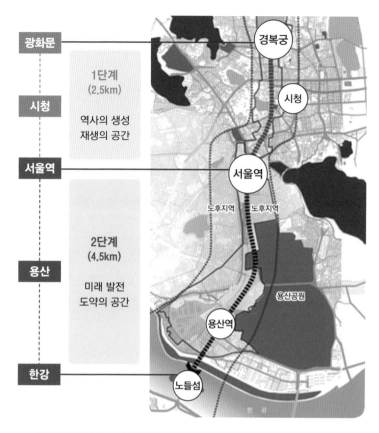

국가상징거리 조성계획 경복궁~한강: 약 7km (역사와 미래를 아우르는 통합적 공간 범위)

은 세계 10위권이나, 브랜드 인지도는 세계 50위권"이라며 브랜드 가치 제고를 주문한 것은 익히 알려진 일화다. 도시의 랜드마크는 사람들을 끌어들이는 마력을 갖고 있다. 외국인들에게 '가 보고 싶다'는 열망을 심어주고, '차곡차곡 여행비를 모아 꼭 한번 찾아오라'는 묘한 암시를 준다. 1973년에 완공된 호주 시드니 오페라하우스는 건

설하는 데 총 1억200만호주달러가 투입됐다. 국내는 물론 전 세계에서 찾아오는 관광객들로 인해 오페라하우스는 매년 4억호주달러를 벌어들이며, 고용 창출 인원이 3000여 명에 이른다. 도시 이미지 개선 등 돈으로 환산할 수 없는 효과도 엄청나다. 파리의 상징인 에펠탑도 유료 관광객이 연간 600만명을 넘는다.

서울의 중심 교통축
구축 계획도

도시계획 전문가들이 꼽은 용산의 최대 취약점은 교통이다. 용산은 서울 한복판에 있음에도 불구하고 남북을 가로지르는 철도와 100년 넘게 주둔한 외국군 기지 등으로 인해 교통 흐름이 기형적으로 왜곡돼 있기 때문이다. 실제로 용산은 철도가 지상으로 다니는 구간이 서울에서 가장 많은 지역 중 하나다.

정부서울청사가 있는 광화문에서 정부과천청사가 있는 경기도 과천까지를 최단 거리로 이을 요량으로 1984년 개통한 동작대교가 용산기지에 막혀 목이 잘린 형태로 남아 있는 것이 대표적인 예다. 이로인해 동작대교를 같이 사용하는 지하철 4호선도 선형이 비효율적이다. 당초 용산기지 아래를 지나려고 했다가 미군의 반대로 용산기지를 우회해 신용산역으로 방향을 크게 틀면서다.

서울 숭례문에서 용산을 남북으로 연결하는 옛길인 후암로 역시 용산기지 메인포스트 북쪽 용산고등학교 앞에서 사실상 끊어져 있다. 용산기지의 메인포스트와 사우스포스트 사이를 동서로 가로지르는 이태원로 역시 서울 도심 한복판에 있는 도로임에도 불구하고 주요 구간의 폭이 왕복 4차로에 불과할 정도로 협소하다.

이미 계획의 밑그림은 나와 있다. 용산의 지하에 서울 지상 교통의 '동맥경화'를 해결할 대동맥을 뚫고, 지상철을 지하화해 녹슨 철로가 갈라놓았던 지역 간 단절을 극복하겠다는 구상이다.

용산에 사통팔달
'링킹파크' 계획

용산의 교통 대개조 계획은 오세훈 서울시장의 2021년 4·7 재보궐선거 공약에서 구체화됐다. 용산 지하에는 꽉 막힌 서울 교통의 심장 격으로 인터체인지 역할을 하는 교통 허브 '링킹파크(Linking Park·지하간선도로 링크)'가 들어온다. 간선도로 혼잡 구간을 지하도로화한 뒤 이것들이 용산민족공원 지하에서 모이고 분산되는 교통 시스템을 구축하는 것이다. 주요 간선도로 6곳의 일부를 지하화해 출퇴근 시간을 획기적으로 줄이겠다는 구상이다.

서울시가 2009년 8월 남북 간 3개 축과 동서 간 3개 축의 총 6개 노선으로 구성된 3×3 격자형 지하도로망 구축 계획을 발표한 바 있기 때문에 맨땅에서 시작하는 건 아니다. 당시 서울시는 지하 40~60m 깊이에 도심을 격자형으로 연결하는 총 149㎞의 지하도로를 만들겠다는 구상을 밝혔다. 육상 도로망이 포화 상태에 이른 서울에 경인고속도로 6배 길이의 자동차 전용 지하도로망을 뚫어 새로운 '도로대동맥' 역할을 하도록 만들겠다는 계획이었다.

당시 서울시는 지하도로가 건설되면 전체적으로는 지상 교통량의 약 21%가 지하도로로 전환되고, 지상도로의 통행 속도는 시속 8.4㎞ 증가할 것으로 예상했다. 예를 들어 지하도로를 이용할 경우 현재 양재에서 도심까지 가는 데 소요되는 시간이 39분에서 13분으로 단축될 수 있고, 잠실에서 상암동까지 1시간3분 걸리는 것이 25분

서울시 링킹파크 구상도

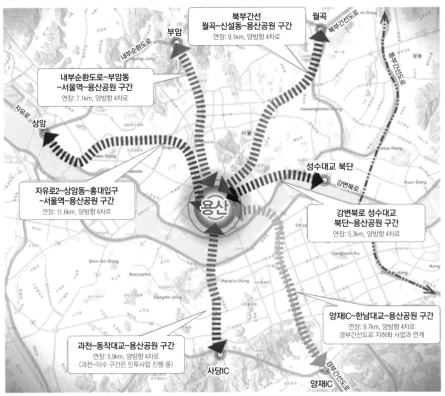

북부간선
월곡~신설동~용산공원 구간
연장: 9.1km, 양방향 4차로

월곡

북부간선도로

부암

내부순환도로

동부간선도로

내부순환도로~부암동
~서울역~용산공원 구간
연장: 7.1km, 양방향 4차로

자유로

상암

자유로2~상암동~홍대입구
~서울역~용산공원 구간
연장: 11.6km, 양방향 6차로

용산

성수대교 북단

강변북로

강변북로 성수대교
북단~용산공원 구간
연장: 5.3km, 양방향 4차로

양재IC~한남대교~용산공원 구간
연장: 9.7km, 양방향 4차로
경부간선도로 지하화 사업과 연계

과천~동작대교~용산공원 구간
연장: 5.9km, 양방향 4차로
(과천~이수 구간은 민투사업 진행 중)

사당IC

양재IC

경부간선도로

으로 줄어들 수 있게 된다는 것이다. 당시 교통 혼잡 및 환경오염으로 인한 사회적 비용 절감 등의 효과를 금액으로 환산할 경우 2조4000억원에 달하는 경제적 효과가 발생할 것으로 예상됐다. 하지만 박원순 서울시장 체제가 들어오자 이 계획은 소리 소문도 없이 동력을 잃었다.

2021년 서울시로 돌아온 오 시장은 이 계획을 되살렸다. 조만간 개발계획을 선보이겠다는 의지를 보이고 있다. 이번에는 용산 지하에 '링킹파크'를 만들어 지상과 지하 모두를 개발하기로 했다. 새 계획상으로는 지하화된 경부고속도로가 한강을 거쳐 용산 밑으로 직결된다.

오 시장은 2021년 6월 매일경제와의 인터뷰에서 "경부고속도로가 링킹파

보스턴 빅디그 지하차도

크를 통해 고양시 삼송까지 연결된다"
며 "그 외에 다른 축들도 있다. 길게
보면 강변북로 지하화 구상까지도 고
려된다"고 말했다. 이어 그는 "강변북
로 지하화까지 이뤄진다면 한강변의
활용 형태가 완전히 달라진다"며 "용
산 지하 공간을 중심으로 연결해 지상
은 지상대로 역사·문화·자연이 어
우러진 서울의 마지막 남은 개발지구
가 되고, 지하는 교통 결절점이 된다"
고 말했다.
이는 프랑스 파리 라데팡스와 비슷한
모델이다. 1989년에 건설된 라데팡스

는 파리의 부도심 역할을 하지만 당시
개발이 엄격하게 제한된 탓에 교통 기
능을 지하로 집중시켰다. 라데팡스는
도로와 지하철 등은 지하에 배치하고,
지상은 첨단업무지구와 보행자 위주
공간으로 꾸몄다.
입체도로는 경제적 효과도 상당한 것
으로 평가된다. 미국 보스턴시가 1991
년부터 2007년까지 17년에 걸쳐 추진
했던 '빅디그(Big Dig)' 프로젝트가 대
표적이다. 고가도로를 지하터널로 대
체하고 지상은 공원과 상업지구로 개
발해 사업비용 약 7조원의 10배 효과

를 실현했다. 정부 관계자는 "서울시 도로의 1%만 입체적으로 활용해도 단순하게 88만㎡의 공간이 생겨 3조5000억원 규모의 경제적 효과가 기대된다"고 말했다.

경부고속도로 지하화 또한 용산 지하를 활용한 서울 교통지도와 무관하지 않다. 용산 링킹파크가 서울 주요 간선도로와의 연계성을 바탕으로 이뤄지는 구상이기 때문이다. 서울시는 한남IC부터 지하화된 경부고속도로를 한강을 거쳐 용산 지하로 잇고, 강변북로 등과도 연계시킬 계획을 갖고 있다. 경부고속도로와 강변북로 지하화는 이제 막 타당성조사와 기본계획 수립 절차를 위한 첫걸음을 뗀 상태이고, 동부간선도로 지하화 사업은 2028년 개통을 목표로 진행 중이다.

경부선 · 경의중앙선 등 지상철 지하화도

서울시는 지상철 지하화 계획도 가지고 있다. 지하철 1호선(용산역~남영역), 경의중앙선(한남역~서빙고역~이촌역~용산역)에 지상철 구간이 많아 지역 간 단절이 심하다는 지적이 이어져 온 용산의 교통망을 획기적으로 바꿀 구상이다.

지상철 지하화 계획이 공식화된 것은 비교적 최근이다. 2022년 3월 서울시는 '2040 서울도시기본계획'을 발표하면서 서울 지상철도를 단계적으로 지하화하겠다는 구상을 내놨다. 서울시에는 101.2㎞, 4.6㎢에 달하는 지상철도 선로 용지와 차량기지가 있다. 지상철 지하화를 통해 서울의 중심부에 새로운 공간을 창출하고, 가용지 부족 문제를 해소하겠다는 구상이다.

하지만 천문학적인 비용이 문제다. 지상철 지하화는 최소 수십조 원이 필요한 것으로 추정된다. 앞서 2013년 서울시에서 시행한 용역 결과에서는 지하철 1 · 2호선과 국철 일부 구간을 지하화하는 데 총 38조원이 들어가는 것으로 예상됐다. 모든 구간을 지하화한다면 당연히 비용은 더 늘어난다.

장기간 공사에 따른 교통난과 지역 민원도 문제가 될 것으로 보인다. 1 · 2호선은 서울을 관통하고 있는 만큼 핵심 주거 · 상업지역이 밀집해 있다. 운행과 공사를 동시에 하기 어려운 지역이 대부분이고, 공사로 인해 발생하는

서울시 지상철 지하화 계획

서울 지상철도 용지의
높은 가치 적극 활용
공공재원 부담 최소화

공공
기여

**철도용지
가치**

공공
재원

창동

수색

청량리

왕십리

서울역

용산역

구로

영등포   노량진

금천

단계적 지하화 검토

민원도 만만치 않을 것이란 분석이다. 지하화 계획이 발표되면 인근 부동산 가격에 영향을 미칠 수 있다는 점도 고민거리다. 실제 착공까지는 시일이 남아 있지만 '지상철 지하화'가 오랜 기간 언급됐던 계획인 만큼 섣부른 개발 기대감을 자극할 수 있다는 것이다.

다만 지상철 지하화는 소음·분진 등으로 고통을 호소하고 있는 인근 주민에게 크게 환영받고 있다. 이에 지상철 지하화는 선거가 다가오면 등장하는 단골 공약이다. 실제 제20대 대통령선거에서 유력 후보들이 모두 지상철 지하화를 약속했다.

오세훈 서울시장도 드라이브를 걸고 있다. 그는 "굉장히 큰 예산이 들어가는 사업인 것은 분명하다"면서도 "경부고속도로 지하화 계획과 관련해 지상 공간을 활용하면 지하터널을 뚫는 비용의 상당 부분을 만들어 낼 수 있다. 철도도 마찬가지"라고 설명했다. 그는 이어 "지상 공간 위치에 따라 토지 가치가 높은 부분들의 이용을 극대화하고, 위치에 따라 가용 가치를 창출하면 비용의 상당 부분을 해결할 수 있다는 게 전문가의 방법론"이라며 "공공에서 투입하는 재정을 최소화하고자 하는 방향으로 용역을 하고 있다. 연구가 끝나면 설득력 있는 대안이 마련될 것"이라고 강조했다.

서울의 허파,
용산공원

용산공원도 용산 일대 개발계획에서 빼놓을 수 없는 프로젝트다. 용산 미군기지가 있던 자리를 300만㎡ 규모의 공원으로 조성하는 사업이다. 뉴욕 센트럴파크(약 341만㎡)와 견줘도 될 정도의 규모다. 1897년 개원한 센트럴파크는 현대 도시공원의 시초로 꼽히는데, 광활한 공원 가운데에는 인공호수와 함께 2.5㎞의 산책로가 조성돼 있다. 근처에 박물관과 야생보호구역 등도 있어 매년 3750만명이 찾는 관광명소다.

韓 최초
국가 도시공원 조성 계획

용산공원의 시작은 2003년 한미 정상 간 용산기지 이전 합의였다. 2004년 용산기지이전협정의 국회 비준을 거쳐, 2005년 우리나라 최초의 국가 도시공원 조성 계획이 나왔다. 2007년에는 '용산공원 조성 특별법'이 제정돼 국민의 염원을 실현하기 위한 부단한 노력이 지속돼 왔다.

처음에는 국무총리실에서 공원 조성을 관할했지만 특별법 시행 이후 국토교통부가 키를 잡았다. 2011년 10월 공원 조성의 기본 구상인 종합기본계획을 수립했고, 2019년 9월 용산공원 조성추진위원회가 총리 소속으로 격상됐다. 당초에는 1조2000억원을 투입해 2019년부터 조성 작업을 시작한

뒤 2027년까지 단계적으로 공원을 완성해 나갈 계획이었다. 하지만 미군기지 반환 작업이 더디게 진행되면서 공원 조성 일정도 뒤로 밀리기 시작했다. 개발 세부 계획 역시 우여곡절을 거쳤다. 국토교통부는 2011년과 2012년에 설계 국제공모를 진행했고, 당시 '미래를 지향하는 치유의 공원(Healing-The Future Park, West 8+이로재 컨소시엄)'이 1등작으로 선정됐다. 이는 세계적 조경가 아드리안 구즈(네덜란드)와 승효상 건축가(한국)가 공동 설계한 작품이었다.

당시 1등작은 자연과 역사, 문화를 치유하는 공원으로서 산·골·연못을 현대적으로 재현했다. 남산~용산공원~한강을 잇는 생태축을 구축하고, 공원 내부와 주변 도시를 연계한 다리(오작교)를 설치하도록 했다. 소셜미

용산공원이 조성될 미군기지 전경, 푸른색 선이 공원 용지

디어를 통한 공원 이용과 경험 프로그램 등 미래 지향적 아이디어도 담았다. 크리스토프 지로 스위스 취리히공과대 조경학과 교수(심사위원장)는 심사평에서 "전통적인 자연관을 존중하고 생태·조명·소셜미디어 등 혁신 테크놀로지에 기반을 둬 자연에 대한 새로운 문법을 제시했다"며 "공원 내부의 순환 체계가 풍수의 원리를 더 존중할 필요가 있고, 용지 내 건축물과 활동의 배분을 보다 면밀하게 해야 할 것"이라고 평가했다.

2016년 국토교통부는 용산공원 개발 시설과 프로그램 선정안을 발표하면서 개발 밑그림을 세밀화했다. 용산기지 내에 위치한 시설물 1200여 동 가운데 역사적 가치가 있는 80여 동을 재활용해 국가기관이 개발한 콘텐츠 사업(총 8개)에 사용할 수 있게끔 한다는 구상이었다. 국가공원에 들어설 시설은 국립과학문화관(연면적 3만3327㎡), 호국보훈 상징 조형광장(1만8000㎡), 국립어린이아트센터(1만7540㎡), 아리랑무형유산센터(4000㎡), 국립경찰박물관(3641㎡) 등이었다.

하지만 서울시의 반발이 거셌다. 난개

용산공원 조감도

발이 우려되고 용산공원 조성 취지에 도 맞지 않는다며 반대에 나선 것이다. 당시 박원순 시장은 "정부가 추진하는 용산공원 조성 사업은 성급하고 일방 적으로 이뤄진 반쪽짜리 사업"이라며 "서울시와 시민이 함께 참여하는 용산 공원을 만들어야 한다"고 촉구했다. 결국 2016년 11월 국토교통부는 기존 계획을 전면 백지화하고 생태공원으 로 조성하겠다는 구상을 밝혔다. 기존 건물을 재활용 및 개축해 박물관 등을 지으려는 계획을 철회하고, 용산 미군 기지가 있는 곳은 반환되는 대로 토지

재생 과정 등을 거쳐 생태공원으로 조 성하겠다는 메시지였다. 당시 국토교 통부는 역사적 가치가 있는 건물 80동 만 남긴 후 전부 철거하고, 2027년까지 용산공원 전체에 대한 생태공원화를 마무리한다는 새 로드맵을 발표했다.

꽉 막힌 서울
숨통 틔울 공원 그려

용산공원 용지는 70여 년간 미군기지 로 쓰였기 때문에 서울 한복판에 있음

에도 불구하고 녹지로 남을 수 있었다. 도시계획 전문가들은 아이러니하게도 이곳이 미군기지로 사용되지 않았더라면 콘크리트로 중무장한 '아파트촌'이 돼 버렸을 것이란 자조를 내놓기도 한다. 오염 정화만 제대로 되면 한국에서 보기 드문 이국적인 녹지공원으로 만들 수 있는 절호의 기회이기도 하다.

생태공원 조성 계획이 만들어진 것도 이와 무관하지 않다. 서울시의 녹지면적이 다른 대도시와 비교해 봤을 때 낮은 편은 아니지만, 이는 산지면적이 상당 부분 반영된 결과다. 가령 북한산국립공원의 경우 막대한 산지면적을 자랑하지만 통행로를 제외한 대다수 지역이 출입이 제한되고 경사 지형이다. 등산로나 산책로가 아닌 도심 속 공원면적을 따지면 서울시는 1인당 도시공원면적이 4.58㎡로 세계보건기구(WHO)가 권장하는 최소 수준인 9.0㎡의 절반을 조금 넘는다. 도시 안에 1인당 23.46㎡의 공원을 보유하고 있는 캐나다 밴쿠버나 서울 못지않은 고밀도 도시임에도 시민의 숨통을 틔워주는 공원면적이 1인당 14.12㎡인 미국의 뉴욕과는 비교조차 되지 않는다.

대규모 주택 공급 우회 계획도

그야말로 서울의 마지막 남은 노른자 땅이다 보니 온전한 생태공원으로 조성하려는 계획을 바꾸려는 시도도 일어나고 있다. 용산과 같은 아까운 땅을 공원으로 낭비하지 말고 일부를 주거단지로 전용해 가뜩이나 부족한 서울의 주택 공급에 숨통을 틔우자는 주장이다.

2021년 8월에는 당시 여당이었던 더불어민주당에서 용산공원 조성 계획을 조정하려는 시도가 있었다. 해당 용지는 관련 법상 전체를 100% 공원으로 조성해야 하지만, 강병원 더불어민주당 의원은 용산 반환 용지를 공원 외 택지 등으로 활용 가능하도록 예외 규정을 두는 내용의 '용산공원조성특별법 일부개정법률안'을 대표 발의했다. 해당 의원이 구상한 안은 용산 미군 반환 용지 전체 면적 중 약 20%인 60만㎡에 대해 용적률을 1000%까지 올려 전용면적 70㎡짜리 공공주택 8만가구를 짓자는 것이다.

8만가구는 현재 용산구 내 전체 아파트 가구 수의 3배에 이르며, 신도시급

용적률 962%를 적용 받아 조성된 용산 베르디움 프렌즈

규모다. 가구 수로만 놓고 보면 헬리오시티(9510가구 · 용적률 285%)의 8배 규모다. 용적률을 1000%로 끌어올린다면 용산 삼각지에 있는 청년주택 '용산 베르디움 프렌즈'(1086가구 · 용적률 962% · 최고 37층)와 같은 아파트 단지 80개가 빼곡히 들어서게 된다.

법안 발의 당시 강 의원은 "(문재인)정부가 수도권 지역의 주택 가격을 안정화하기 위해 공공재개발 · 재건축을 활성화하고 서울 내 유휴용지를 활용해 주택 공급을 늘리는 등 다양한 대책을 강구하고 있지만, 주택 용지 부족 등으로 인해 정책을 집행하는 데 어려움을 겪고 있다"면서 "이와 관련해 용산 미군기지 반환 용지는 서울 중심부에 입지해 있고, 지하철 노선 10개와 근접해 있으며, 용지 전체가 국유지이기 때문에 주택 공급 용지로 활용하기에 적합하다"고 입법 취지를 설명했다. 해당 법안은 2022년 4월 소관 상임위원회인 국회 국토교통위원회에 상정됐다.

법안이 국회의 문턱을 넘을 수 있을지도 미지수이지만, 도시계획 전문가들의 반대 목소리도 만만치 않다. 김현호 디에이건축 대표는 "뉴욕에 있는 센트럴파크는 시민들에게 휴식 공간을 제공할 뿐만 아니라 주변이 고밀 개발되는 데 대한 심리적 부담감도 낮춰 준다"며 "도시 경쟁력이라는 게 결국 좋은 기업이 들어오는 것인데, 최근 기업들의 관심사가 교통과 인프라스트럭처에서 '주변에 어떤 매력적인 장소가 있느냐' '자연 그 자체를 접할 수 있는 환경이냐'로 옮겨 가고 있는 것도 주목할 부분"이라고 말했다.

여기에 노무현정부가 용산공원의 역사성을 강조하며 특별법까지 제정했는데, 전후 맥락을 무시한 채 이를 뒤집어 버리려는 것이라 '말 바꾸기'라는 목소리도 나온다. 노무현정부는 2004년 한미 용산기지이전협정이 타결된 이후 2007년 용산공원 내에 주택을 지을 수 없도록 하는 내용을 담은 용산 공원 조성 특별법을 제정했다. 그간 정부는 오랜 기간 외국군이 주둔해 온 역사를 가진 용산기지를 시민의 품으로 돌려주는 것을 용산공원 조성 사업 의의로 제시해 왔다.

03

용산의 현재와 민낯

판자촌과
최고급 부촌의 혼재

———

대한민국 수도 서울의 중심부에 있는 용산 일대는 '두 개의 얼굴'을 가지고 있다. 서울 부촌(富村)의 상징인 강남 3구에 버금가는 초고급 주택가가 즐비한 지역이 있는가 하면, 시간이 멈춘 듯한 판자촌 일대도 공존하는 곳이 용산이다.

용산은 서울에서 외국인이 가장 많이 몰리는 곳인 동시에 서울 도심에서 노후 주택이 가장 밀집된 지역이기도 하다. 이태원 일대는 코로나19 사태 이전만 해도 외국인 관광객들로 늘 북적였고, 용산 미군기지와 수많은 대사관이 위치한 덕분에 많은 외국인들이 용산 일대에 거주한다. 문화 교류가 가장 활발하게 이뤄진다는 이미지와 별개로 '낙후된 도심'이라는 이미지는 오랜 기간 용산을 따라다닌 꼬리표였다.

용산 일대에 이처럼 상반된 이미지가 혼재한 것은 야심 차게 시작한 각종 개발계획이 좌초됐기 때문이다. 멈춰 선 개발 시계를 정상화해 용산 일대에 서울 도심에 걸맞은 기능을 부여하는 것이 윤석열정부의 과제다.

최고급 부촌
'동부이촌동'

용산구에 위치한 동부이촌동은 일찌 감치 강남 3구를 뛰어넘는 '부촌' 이미 지를 굳혔다. 2000년대 학부모들 사이 에서 알게 모르게 떠돌던 '대치동·압 구정동·동부이촌동 학부모 비교' 농 담만 떠올려도 이를 쉽게 알 수 있다. 이 농담은 다음과 같다.

대치동 학부모는 자녀가 공부를 못하 면 "학원 등록해 뒀다"고 말하고, 압구 정동 학부모는 "유학을 다녀와라"고 말한다. 하지만 동부이촌동은 스케일 이 다르다. 이 지역 학부모는 집에 드 리워진 커튼을 젖힌 뒤 어딘가를 가리 키며 이렇게 말한다. "저기 보이는 건 물이 네 것이니까 공부 걱정은 하지 않아도 된다."

각각 은마아파트, 압구정현대로 상징 되는 대치동과 압구정동은 강남에서 도 손꼽히는 부촌인데, 이들 지역도 한 수 접고 가는 곳이 동부이촌동이다. 동부이촌동에 들어선 '래미안 첼리 투스' 역시 부의 상징이라는 이미지 를 확실하게 굳히고 있다. 이 단지는 2022년 1월 전용면적 124㎡(41층) 매 매가 50억9998만원에 이뤄지며 평(3.3 ㎡) 당 매매가격이 1억원을 돌파했다.

2022년 전국 아파트 공시지가 순위 (단위 : 원)

지역	단지명	전용면적	공시지가
서울 강남구	더펜트하우스 청담	407.71㎡	168억9000만
서울 용산구	나인원한남	244.72㎡	91억4000만
서울 용산구	파르크한남	268.95㎡	85억2700만
서울 용산구	한남더힐	244.75㎡	84억7500만
서울 서초구	트라움하우스 5차	273.64㎡	81억3055만

자료: 국토교통부

래미안 첼리투스 전경

동부이촌동의 위상은 래미안 첼리투스를 준공하는 과정에서도 잘 드러난다. 이 단지는 2000년대 중·후반 오세훈 당시 서울시장이 추진했던 '한강 르네상스' 프로젝트 정책에 따라 기존 렉스아파트를 지상 56층 규모 초고층 아파트로 재건축한 것이다. 이 과정에서 가구 수를 늘려 일반분양금을 확보해 조합원 부담을 줄이는 일반적인 재건축 방식과 달리 가구 수를 그대로 유지하는 '1대1 재건축'을 추진했다. 이 같은 방식으로 임대 가구 의무 비율, 중소형 평형 등과 같은 규제를 피할 수 있었다. 그 대신 가구당 추가 부담금만 5억7000만원에 달한 것으로 알려졌다. 서울의 부촌인 동부이촌동인 만큼 높은 수준의 부담금도 감당할 수 있었던 것이다.

여기에 한강변 초고층 랜드마크라는 프리미엄까지 더해지면서 래미안 첼리투스는 1대1 재건축의 가장 성공적인 사례로 꼽히게 됐다.

동부이촌동뿐만 아니라 한남동에서도 초고가 아파트를 어렵지 않게 찾아볼 수 있다.

국토교통부의 '2022년 공동주택공시가격'에 따르면 전국에서 가장 비싼 아파트 상위 5곳 가운데 한남동에 위치한 단지가 2~4위를 차지했다. '나인원한남' 전용면적 244.72㎡의 공시지가는 91억4000만원으로, 더펜트하우스 청담(강남구 청담동)의 168억9000만원(전용면적 407.71㎡)에 이어 2위에 올랐다.

'파르크한남' 전용면적 268.95㎡는 공시지가가 85억2700만원으로 3위에 올랐다. 4위에 오른 한남더힐 전용면적 244.75㎡의 공시지가는 84억7500만원

나인원한남 전경

이다.

이 단지들 모두 유명 배우, 한류 스타 등이 거주하는 서울에서 손꼽히는 초고가 아파트다. 서울 중심이라는 핵심 입지, 한강뷰, 여전히 남아 있는 개발 호재라는 '삼박자'가 어우러지면서 이 일대는 서울 어느 곳에도 뒤지지 않는 부촌으로 자리매김했다.

여전한 판자촌 서부이촌동

경의중앙선 용산역에서 지하철을 타고 이촌역 방향으로 가다 보면 창문을 통해 이질적인 모습을 볼 수 있다.

이 일대에는 영화에서나 볼 법한 판자촌이 선로를 따라 약 1㎞에 걸쳐 늘어서 있다. 이 모습은 이곳이 수도 서울의 한복판이 맞는지에 대해 의구심을 갖게 한다.

판자촌이 위치한 이 지역은 흔히 '서부이촌동'이라고 부르는 이촌2동 일대다. 1970년대에 서울 강남 일대 개발이 이뤄지면서 용산은 지리적으로 광화문·여의도·강남 3개 도심의 정중앙에 위치한 서울의 중심이 됐다. 용산역과 가깝고 한강변과도 맞닿은 이 일대는 서울에서도 핵심 '노른자위 땅'으로 꼽혔지만 일대 철도 정비창

서울 용산구 서부이촌동 일대의 모습

서울 용산구 리모델링 단지 최대어로 꼽히는 동부이촌동 한가람아파트의 모습

용지 개발이 속도를 내지 못하면서 개발 사업 시계가 완전히 멈췄다.

과도한 규제 역시 이 일대 발전의 발목을 잡았다. 동부이촌동은 1970년대 대규모 택지 개발 이후 민간 주도로 아파트 개발이 이뤄지면서 부촌 이미지를 굳혔다. 반면 서부이촌동은 공영 주도 개발로 시영·시민아파트와 빌라촌이 밀집하면서 인접한 동부이촌동과의 격차가 계속 벌어졌다.

서부이촌동이 입지를 제대로 활용하지 못한다는 점은 아파트 가격을 비교할 때에도 잘 드러난다.

서부이촌동에 위치한 북한강아파트 전용면적 59㎡는 2021년 10월 18억8000만원에 매매가 이뤄졌다. 동부이촌동 한가람아파트의 동일한 전용면적이 같은 달 19억원에 손바뀜한 것과 비슷한 수준이다.

2036가구 규모 한가람아파트는 용산구 리모델링 단지 가운데 '최대어'로 꼽힌다. 노후 아파트 가격이 사실상 토지 가격이라는 점을 감안하면 서부이촌동은 막대한 잠재력을 제대로 활용하지 못하는 셈이다.

지역 노후도도 심각한 수준이다. 통계청의 2020년 주택총조사 '주택의 종류

서울시 구별 노후 주택 규모	
구	가구 수
노원구	6만8397
송파구	4만5744
양천구	4만3901
강남구	4만971
서초구	2만9763
영등포구	2만8592
도봉구	2만8201
구로구	2만4365
용산구	2만1978

자료: 통계청, 30년 이상 주택 기준

서울시 구별 노후 단독주택 규모	
구	가구 수
성북구	1만3598
동대문구	1만12
강북구	9438
용산구	9432

자료: 통계청, 30년 이상 주택 기준

및 노후 기간별 주택(시·군·구별)'에 따르면 용산구는 서울 25개구 가운데 30년 이상 된 노후 주택이 9번째(2만1978가구)로 많다. 30년 이상 된 단독주택을 기준으로 하면 9432가구로 서울에서 4번째로 많다.

당시 조사에서 용산구보다 30년 이상 된 노후 주택이 많은 지역으로는 노원구, 송파구, 양천구, 강남구, 서초구, 영등포구, 도봉구, 구로구 등이 있었다. 이들 8개구가 서울 외곽 지역이거나 처음부터 주거지역으로 개발된 곳이라는 점을 감안하면 용산구는 서울 한복판에 걸맞지 않게 노후 주택이 대

거 남아 있는 셈이다.

일대 개발 시계가 완전히 멈춘 만큼 대통령 집무실 이전을 계기로 체계적인 개발이 이뤄져야 한다.

북한강아파트 사례처럼 용산구 일대 모든 아파트는 1990년대 말 용산국제업무지구 예정지로 지정된 이후 개발에 대한 기대감으로 가격이 큰 폭 상승했다. 문제는 가격이 너무 치솟아 개별 단지별 재건축이 사실상 불가능해졌다는 점이다.

이로 인해 재산권 행사조차 쉽지 않다. 용산국제업무지구 개발과 같은 큰 틀에서 개발 사업 방침이 마련돼야 낙후된 도심이 새로운 모습으로 탈바꿈하는 작업이 속도를 낼 수 있다.

서울 외곽에도 밀리는 용산

초고가 아파트와 판자촌이 혼재하는 용산구에선 용산역 일대를 중심으로 재개발 분위기가 조성되고 있다.

아파트 151가구 규모의 용산 푸르지오써밋(2017년 입주), 아파트 195가구 규모 래미안 용산 더센트럴(2017년 입주), 1140가구 규모 용산 센트럴파크 해링턴 스퀘어(2020년 입주) 등 2010년대 중 · 후반부터 용산역 주변에 고급 주거시설이 대거 들어서면서 이 지역이 환골탈태하고 있다. 세 단지 최고 높이가 147~160m로 준공돼 일대에 새로운 스카이라인을 형성하는 데 큰 역할을 하고 있다.

여기에 용산 푸르지오써밋과 래미안 용산 더센트럴에 오피스텔이 각각 650실, 782실 들어서면서 일대 주거환경이 대폭 개선되는 모양새다. 여기에 용산공원으로 조성하려는 용산 미군기지 용지와 인근 지역까지 더하면 일대 개발 사업에 대한 기대감이 더욱 커질 수밖에 없다.

동부이촌동에서도 새로운 랜드마크가 준공을 준비하고 있다.

용산구 재건축단지 대장주로 꼽히는 한강맨션은 시공사인 GS건설이 2022년 1월 입찰 당시 '한강변 높이 제한 규제 완화'를 전제로 층수를 68층까지 올리겠다는 청사진을 제시했다. 조합 역시 68층 재건축을 위한 사업시행변경인가 절차를 밟는다는 방침이다.

이 단지 전용면적 87㎡는 2022년 4월 21일 신고가 33억3000만원에 손바뀜

최고 68층으로 재건축을 추진하는 동부이촌동 한강맨션의 모습

이 이뤄졌다. 2021년 3월 거래 가격인 25억원 대비 1년 만에 가격이 33.2%(8억3000만원) 올랐다.

문재인정부 시절에 아파트 가격이 급등해 주거시설에 대한 관심이 높다는 이유로 용산 개발이 주거시설 위주로 이뤄져서는 안 된다. 광화문·여의도·강남을 잇는 중심축에 위치한 만큼 서울에 새로운 활력을 불어넣을 수 있는 방식으로 개발이 이뤄져야 한다. 서울시의 2019년 경제활동별 지역내 총생산 조사에 따르면 용산구에서 비중이 높은 업종은 도·소매업(2조1506억원), 사업서비스업(1조8184억

원), 부동산업(1조6119억원) 순으로 집계됐다. 일자리 창출에 핵심적인 역할을 하는 사업서비스업은 강남구(14조5254억원)의 12.5% 수준이다.

특히 사업서비스업의 경우 같은 도심인 중구와 종로구에도 밀릴 뿐만 아니라 외곽 지역인 강서·금천·구로구에도 미치지 못한다. 정몽규 HDC 회장은 "용산 개발은 주거시설 위주로만 돼서는 안 될 것"이라며 "현재 서울에 없는 기능을 포함시켜 미래도시, 국제도시 역할을 하게 해야 한다"고 강조했다.

최악의 교통망

———

윤석열 대통령이 당선과 함께 대통령 집무실을 용산으로 이전한다고 발표했을 때 가장 먼저 주목 받은 것은 '교통 문제'였다.

윤 대통령이 서울 서초구 자택에서 용산구 대통령 집무실로 처음 출근한 2022년 5월 11일, 출근 첫날부터 많은 이들의 관심이 교통 통제로 인한 시민들의 불편 여부에 쏠렸다.

결론적으로 불편함은 크지 않은 것으로 나타났다. 이날 오전 8시 21분 자택에서 나온 윤 대통령은 8시 23분에 검은색 차량을 타고 집무실을 향해 출발했다. 윤 대통령이 탄 차량이 반포대교를 지나 용산 미군기지 13번 게이트에 도착했을 때는 8시 31분이었다. 8분 만에 출근을 마친 것이다. 윤 대통령은 용산구 한남동 외교부 장관 공관 공사를 마칠 때까지 한 달가량 서초구 자택에서 용산으로 출퇴근한다.

대통령 탑승 차량은 경호 때문에 무슨 일이 있어도 멈추지 않고 시속 30㎞ 이상으로 이동해야 한다. 이 때문에 대통령이 이동할 때 교통 통제는 필수적이다. 용산 일대 교통 환경이 워낙 열악하고 기형적이어서 대통령의 이동을 이유로 더 악화할 수 있다는 등의 우려가 나왔고, 일부 출근길 차량이 일시 대기하는 모습이 있었지만 큰 교통 혼잡은 없었다. 경찰 관계자는 "순간적인 우회 통제만 했다"며 "특별한 일이 없으면 앞으로도 이렇게 교통을 관리할 것 같다"고 말했다.

대통령 출근이라는 대형 변수에도 별다른 문제가 없었지만 용산 일대 교통 환경 개선에 대한 목소리는 계속될 수밖에 없다. 실제로 이 일대 교통 환경의 개선 필요성은 대통령 집무실 이전이라는 이슈와 별개로 꾸준히 제기돼 왔다. 기형적인 교통망을 해결하지 않고서는 서울 중심 입지에 걸맞은 역할을 기대할 수 없기 때문이다.

목이 잘린 다리
동작대교

용산구 이촌동에 위치한 동작대교 북단. 동작대교는 서울에서 유일하게 '목이 잘린 한강 다리'라는 오명을 갖고 있다.

1984년에 준공된 동작대교는 1978년에 착공했다. 당초 계획대로라면 동작대교 북단에서 서울시청까지 이어지는 도로가 만들어졌어야 한다.

문제는 용산에 위치한 미군기지였다. 서울시청까지 도로를 이으려면 미군기지 한복판을 뚫어야 한다는 문제 때문에 동작대교 북단에 연결도로를 만들려던 계획이 무산됐고, 동작대교 북단은 목이 잘린 채 남게 됐다.

동작대교 북단에 가 보면 동작대교와 연결된 고가도로가 도중에 끊긴 모습을 볼 수 있다. 그 대신 다른 도로들과 연결되는 작은 진입로들이 끊긴 고가도로와 연결돼 있다. 동작대교 북단 교통 환경이 워낙 복잡해서 이 일대를 지나는 버스도 많지 않다.

당초 계획대로라면 후암로와 소월로를 연결해야 했지만 무산됐고, 용산 미군기지 용지 내에는 후암로의 연장 선상에 해당하는 도로가 계속 이어진다. 이태원로와 입체 교차하는 고가차도도 건설돼 있다. 용산 미군기지 용지 내에 용산 일대 교통 환경을 개선할 도로 여건을 갖추고 있지만 그동안 활용이 불가능했던 것이다.

용산 미군기지 용지는 지하철 4호선에도 영향을 끼쳤다. 4호선은 용산 미군기지 용지 지하를 통과하기로 했지만, 미군기지 입지 때문에 동작대교 북단에서 신용산역 쪽으로 크게 방향

연결도로가 끊긴 서울 동작대교 북단의 모습

을 틀었다. 이 때문에 선형이 비효율
적이라는 지적을 계속 받아 왔다.

동작대교 북단은 진·출입 패턴이 복
잡하다는 문제도 안고 있다. 동작대
교 북단에서는 강변북로 구리 방면에
서 동작대교 강남 방면으로 진입하거
나, 동작대교 강북 방면에서 강변북로
구리 방면으로 이동하는 것만 가능하
다. 동작대교 강북 방면에서 강변북로
일산 방향으로 이동하려면 진·출입
로가 있는 다른 다리들과 달리 서빙고

일대를 거쳐 우회해야 한다.

동작대교 인근의 한강대교, 한남대교,
서강대교, 원효대교 등도 북단 부근에
서 진·출입 문제가 복잡한 것은 마찬
가지다. 그러나 이들 대교는 동작대
교와 달리 북단에서 도심으로 이어지
는 길이 뚫려 있다. 서울의 중심 입지
인 용산 일대와 핵심 경제업무지구인
강남 일대를 이어 줄 동작대교만 끊긴
도로, 진·출입 제한이라는 이중고를
안고 있다.

단절 부추기는
지상철로

과거 철도의 부설은 근대화의 상징으로 여겨졌다. 그만큼 지역 경제 발전에 있어서 중요한 역할을 하기 때문이다. 과거 청나라는 변법자강운동을 펼치면서 자국 내 철도 부설을 핵심 과제로 삼기도 했다.

철도 부설과 함께 역이 들어서면 그 주변은 다른 지역보다 빠르게 발전한다. 그만큼 사람이 많이 몰리기 때문이다. 서울 철도역 가운데 가장 오래된 역사

를 지닌 서울역과 용산역도 마찬가지다. 일제강점기 때 서울역 2층에는 한반도 고급 레스토랑의 선구자 격인 식당 '그릴'이 들어섰다. 용산역은 명동~용산의 일본인 거주지로 통하는 핵심 관문 역할을 했다.

문제는 시간이 지나면 철도역 주변이 오히려 쇠퇴한다는 점이다. 지방 주요 도시의 기차역 중 상당수가 외곽 지역에 비해 발전 속도가 더딘 것을 볼 수 있다. 원도심에 들어서는 것이 철도역이지만 시간이 지나면서 오히려 활력을 잃는 것이다.

서울 용산구 철로 인근 노후 주택의 모습

철로로 단절된 서울 용산구 이촌동 일대

선진국 연구에서는 철도망 확충이 장기적 관점에서 부동산 가격 상승을 억제시킨다고 보고 있다. 철도망이 확충되면 생활 반경이 넓어져 물가가 비싼 원도심을 고집할 이유가 없어지기 때문이다. 원도심 선호 현상 쇠퇴와 함께 지상에 만들어진 철로가 일대 지역 단절을 초래하면서 장기적 관점에서 공동화 현상이 발생한다.

서울 중심부인 용산도 마찬가지다. 철도의 역사가 길고 중심 입지인 만큼 용산 일대는 서울에서 철도가 지상으로 다니는 구간이 가장 많은 지역 중 하나다. 이로 인해 도시 노후화도 빠르게 진행됐다. 국토연구원이 조사한 전국 도시 쇠퇴 지역 현황(2014년 기준)에 따르면 용산구는 서울 25개구 중 3위였다. 1, 2위를 기록한 중구와 성동구도 비슷한 문제를 가진 지역이다.

이촌동 일대를 가로지르는 경의중앙선 역시 철로가 지상에 위치해 있기 때문에 이 지역의 단절을 초래한다는 지적을 받는다. 이정형 중앙대 교수는 "이촌동과 국립중앙박물관이 지상으로 연결돼야 하는데 경의중앙선 때문에 일대가 완전히 단절됐다"고 지적했다. 실제로 수도권 일부 지역에서는 지상철로가 소통을 완전히 차단하면서 슬럼화 현상이 나타나기도 했다. 여기에 용산 일대는 드넓은 철도 정비창 용지가 제대로 활용되지 못하는 문제까지 겹치면서 지역 경쟁력을 갉아먹는 요인으로 작용하고 있다.

소음 문제 역시 피할 수 없다.

지상철로에는 여객열차만 다니는 것이 아니다. 화물 수송열차도 지나가기 때문에 이로 인한 소음 문제에서 자유로울 수 없다. 여기에 공해 문제까지 심해 선로 주변 주민들의 소음·공해 및 사생활 침해 문제와 관련된 민원이 끊이질 않는다.

걸어서 2~3분 거리… 환승은 불가

용산역의 문제는 지상철로에 따른 단절과 소음에 그치지 않는다. 용산역 이용객들은 지하철 4호선 신용산역으로의 환승 문제 때문에 꾸준히 불만을 제기하고 있다.

용산역 바깥으로 나와 신용산역까지는 걸어서 2~3분 만에 도달할 수 있다. 문제는 지하철 역사 내에서는 환승이 안 된다는 것이다.

서울역의 경우 경의중앙선 서울역, 지하철 1·4호선 서울역, 공항철도 서울역 간의 환승이 가능하다. 그러나 용산역을 이용하다가 신용산역으로 가려면 환승 금액이 아닌 정가 금액을 내야 해 이용객들의 불편이 크다. 인근에 1·4호선 환승이 가능한 서울역이 있지만 서울역 내부의 혼잡함과 시간이 더 걸리는 점을 감안하면 실익이 없다는 평가다.

환승을 위해 전철-버스-전철 순으로 이용한다고 가정했을 때도 용산의 기형적인 도로 구조가 발목을 잡는다. 4호선 신용산역에서 나와 버스를 탄 뒤 용산역에서 환승하는 것은 가능해도 그 반대의 경우에는 도로 구조상 불가능하다. 이 같은 기형적인 도로 구조는 용산 대부분 지역에 해당되는 문제다.

용산 일대 교통 흐름이 꼬인 것은 한국 근대사와 밀접한 관련이 있다. 일제강점기 때 주조선일본군 사령부가 있던 용지에 미군기지가 들어섰고, 이 용지로 인해 교통 환경이 열악해졌다. 서울 숭례문에서 용산을 남북으로 연결하는 후암로는 용산 미군기지 용지 메인포스트 북쪽에 위치한 용산고등학교 앞에서 사실상 도로가 끊어져 있다.

지하철 4·6호선 삼각지역에서 6호선 녹사평역, 한남동으로 이어지는 이태원로 또한 교통 환경이 열악한 것은 마찬가지다. 과거 용산 미군기지의 메인포스트와 사우스포스트를 동서로 가로지르면서 서울 한복판에 위치한 도로임에도 폭이 왕복 4차로에 불과하다.

이태원로의 경우 향후 윤 대통령의 출퇴근 동선이 될 수도 있다. 도로 통제와 이에 따른 시민 불편이 커질 가능성 등을 고려하면 일대 교통 환경 개선이 시급하다.

유정훈 아주대 교수는 "용산 일대는 미군기지 때문에 모든 교통축이 틀어지면서 서울 중심 입지임에도 고립된 섬과 같은 교통망이 형성됐다"며 "그동안 산발적으로 존재하다가 사라진 교통 인프라스트럭처 계획을 대통령 집무실 이전이라는 계기를 통해 총체적으로 마스터 플랜을 새롭게 세워야 한다"고 말했다.

실패로 끝난 단군 이래 최대 개발 사업

———

2000년대 중·후반에 추진된 용산 개발 사업은 '단군 이래 최대 부동산 사업'으로 꼽혔다. 용산 철도 정비창 용지, 서부이촌동 두 곳을 대상으로 진행된 용산국제업무지구 개발 사업의 예상 사업비는 31조원으로 집계됐다. 이 금액은 '단군 이래 최대 재건축'으로 불리며 1만가구가 넘는 아파트가 분양될 예정인 둔촌주공아파트(서울 강동구) 재건축 사업에 현재(2022년 5월)까지 투입된 공사비 1조7000억원의 18배에 달한다.

필요성은 인정하면서도 언급될 때마다 사업비 문제가 발목을 잡는 경부선 지하화 사업비는 15조~20조원으로 예상된다. 경부선 지하화 사업비의 두 배가 넘는 금액이 용산에 집중되는 만큼 용산 일대에 그 어느 때보다도 높은 관심이 쏠렸다.

당시 준공 목표 시점은 2016년이었다. 초고층 14개동을 포함한 건물 66개가 새롭게 들어선다는 계획이 세워졌다. 생산 유발 효과만 67조원으로 예상되고, 신규 고용 창출 인원만 37만명인 초대형 프로젝트였다.

용산 일대가 천지개벽할 것이라는 '장밋빛 전망'은 사업이 제대로 시작되기도 전에 사라졌다. 용산 철도 정비창 용지는 여전히 잡초가 무성한 공터로 남아 있고 서부이촌동 일대에는 지금도 판자촌이 있다. 돌이켜 보면 개발 이익을 둘러싼 갈등이 끊이지 않았고, 개발 사업을 총괄할 컨트롤타워가 전무했다. 표면적으로는 2000년대 중·후반 전 세계를 강타한 글로벌 금융위기가 용산 개발 사업 실패의 원인이지만 따지고 보면 사실상 '인재(人災)'였던 셈이다.

출발은 '올스타급'···
매몰비용만 1조

과거 용산국제업무지구 개발 사업은 2006년 '철도경영 정상화 종합대책'의 일환으로 시작했다. 철도청이 2005년 한국철도공사(코레일)로 전환하면서 발생한 부채 4조5000억원을 해결하기 위해 보유하고 있던 철도 정비창 용지를 개발해 부채를 상환한다는 계획을 세우면서 개발 사업이 본격화됐다.

초기 사업은 빠르게 진행됐다. 2007년 8월 사업자 공모가 진행됐고, 삼성물산-국민연금 컨소시엄이 3개월 만인 같은 해 11월 시행사로 뽑혔다.

초기 사업계획대로라면 용산국제업무지구에 공급되는 오피스 시설 규모는 여의도의 절반에 달하는 것으로 나타났다. 쇼핑 시설은 강남구 삼성역 인근에 위치한 코엑스의 여섯 배 규모다. 삼성물산, 롯데관광개발, KB자산운용, 미래에셋자산운용, 푸르덴셜부동산투자, 한국철도공사, 서울주택도시공사(SH공사) 등 '올스타급' 민간기업과 공공기관이 개발 사업에 참여했다. 이들 업체는 우선 '드림허브PFV'에 총 1조원을 출자했다. 한국철도공사와 서울주택도시공사는 각각 2500억원, 490억원을 출자했다.

민간에서는 롯데관광개발과 삼성물산이 각각 1510억원, 640억원을 부담했다. GS건설과 현대산업개발에서는 각각 200억원을 납부했고 푸르덴셜부동산투자는 770억원을 냈다. KB자산운용과 미래에셋자산운용도 펀드 등을 통해 각각 1000억원, 490억원을 투입했다.

한국철도공사는 사업을 추진하기 위

용산국제업무지구 조감도

해 드림허브PFV를 설립하고 자금 조달에 나섰다. 당초 한국철도공사는 철도 정비창 용지를 팔아 부채를 해소한다는 계획을 세웠다. 그러나 용산 일대 개발에 대한 기대감이 커지면서 토지 매입비가 예상을 뛰어넘어 8조원으로 급증하는 등 천문학적 개발 이익이 예상되자 입장을 바꿔 시행자로 나섰다. 실제 개발 업무를 담당할 용산역세권개발주식회사까지 설립되면서 사업에 속도가 붙는 것처럼 보였다.

용산국제업무지구 개발 사업은 2008년 하반기 글로벌 금융위기와 함께 '빨간불'이 켜졌다. 리먼브러더스 파산과 함께 미국을 비롯한 전 세계 주요 국가 금융 시스템에 위기가 닥치면서 경제 침체 파도가 전 세계를 덮쳤다. 글로벌 위기 속에서도 용산국제업무지구 개발은 문제가 없는 것처럼 보였다. 2009년 4월 국제 설계 공모를 통해 랜드마크 설계자로 대니얼 리버스킨드가 선정됐다. 미국 출신 건축가인 그는 9·11테러로 무너진 미국 뉴욕 세계무역센터 현장 설계를 총괄한 바 있다.

그럼에도 글로벌 금융위기에서 비롯된 타격은 예상보다 훨씬 컸다. 드림허브PFV는 2007년과 2008년 한국철도공사에 토지 매각 대금으로 각각 4150억원, 4000억원을 문제없이 납부했다. 하지만 2009년엔 달랐다. 자금 경색 때문에 매각 대금을 마련하지 못한 드림허브PFV는 수차례 연기를 요청했고, 그해 말이 돼서야 2009년 납부액 9000억원 가운데 6500억원을 납부하는 데 그쳤다.

2010년에는 위기가 좀 더 본격화됐다. 드림허브PFV는 토지 매각 대금을 확보하는 데 계속 어려움을 겪으면서 그해 3월까지 내야 했던 7010억원을 한국철도공사에 납부하는 데 실패했다. 이에 드림허브PFV 이사회는 삼성물산을 비롯한 건설 투자자들에게 신용보강 차원에서 1조원 규모 지급 보증을 요구했다. 건설사들이 프로젝트파이낸싱(PF) 사업에서 지급 보증을 하는 것이 관행인 만큼 보증을 서 달라는 요구였지만 건설 투자자들은 사업성에 의문을 품고 이를 거부했다. 이 과정에서 삼성물산은 사업성이 없다고 판단하며 주관사 자리를 반납했

2010년 드림허브PFV 이사회를 마친 뒤
관계자들이 굳은 표정으로 회의장을 빠져 나오고 있다.

다. 이후 롯데관광개발이 사업을 주도했다. 사업성이 불투명해지고 토지 확보 대금을 마련하기가 어려워지면서 2010년 한 해 내내 드림허브PFV 내부 출자사들 간에 반목이 계속됐다.

자금 조달에 대한 어려움은 계속됐고, 드림허브PFV가 채무 불이행 상태에 빠지면서 용산국제업무지구 개발 사업은 끝내 좌초됐다. 천문학적인 사업 규모와 함께 '장밋빛 전망'으로 주목을 받았지만 15년 넘는 시간 동안 용산은 제자리걸음만 한 셈이다. 이 과정에서 민간 업체의 매몰 비용(2017년 기준)만 1조원이 넘는 것으로 집계됐다.

서부이촌동 편입,
최선이었나

아파트 재건축 사업에서 '스타 조합장'으로 유명한 A씨는 주위 사람들에게 이렇게 말하고 다닌다. "가장 좋은 재건축은 무조건 빠르게 끝나는 재건축이다. 무언가 틀어져서 소송까지 가면 이겨도 결국 남는 게 없는 만큼 무조건 빠르게 진행하는 게 최우선"이라고 말이다.

대형 정비 사업도 마찬가지다. 사전에 철저히 계획을 마련해 발표와 동시에 신속하게 진행할 때 외부 변수로부터 받는 영향을 최소화하고 개발 효과는 극대화할 수 있다.

사업 속도 극대화를 위한 조건으로는 여러 가지가 있겠지만, 그중 하나는 사업에 참여하는 이해관계자를 최소화하는 것이다. 이해관계자가 늘어날수록 개발 사업 방향 등에 대한 합의점을 찾기 어려워지기 때문이다.

용산국제업무지구 개발 사업의 경우 겉에서는 글로벌 금융위기에 따라 자금 조달에 어려움을 겪으면서 실패한 것으로 보인다. 그러나 실상은 개발 사업 관리 실패에서 비롯된 '인재(人災)'와 다를 바 없다. 사업 규모를 확장하는 과정에서 이해관계자가 늘어나는 문제를 자초했기 때문이다.

용산국제업무지구 개발 사업은 한국철도공사의 부채를 해소하기 위해 시작된 사업이어서 원래 철도 정비창 용지만 사업 예정지였다. 2005년 한국철도공사가 예비타당성조사를 진행했을 때도 한국철도공사 용지만 개발할 계획이었다.

한국철도공사는 2006년 12월 자체적으로 용산 역세권 개발 사업자 공모에 나섰다. 이 과정에서 공모 조건으로 내건 평균 용적률 1000% 등과 관련

용산 철도 정비창 용지와 서부이촌동을
통합 개발하기로 합의한 서울시와 코레일

용산국제업무지구 개발 사업 편입에 반대하는 서울 용산구 서부이촌동 대림아파트의 2012년 모습

해 서울시가 '과밀 개발'에 대한 우려를 제기하면서 한국철도공사와 서울시 사이에 처음으로 갈등이 불거졌다. 양측의 갈등은 2007년 3월 서울시 도시·건축공동위원회가 한국철도공사가 제출한 최고 600m 높이 랜드마크 건물 건립 내용의 개발 계획안을 '최고 620m'로 통과시키면서 해소되는 것처럼 보였다. 그러나 서울시가 '서부이촌동과 연계 개발'을 제안한 것을 놓고 양측은 다시 의견 차이를 보였다. 같은 해 8월 한국철도공사가 통합 개발을 수용하고 서울시가 용적률·

주거 비율 상향 등 인센티브를 부여하는 것으로 갈등이 마무리됐다.

양측의 타협으로 서부이촌동 12만 4000㎡가 개발 지역에 포함되면서 전체 개발 면적은 56만6000㎡로 증가했다. 문제는 이 과정에서 서부이촌동 주민들의 의견 수렴이 제대로 이뤄졌느냐는 점이다.

2009년 7월 20일부터 8월 3일까지 서부이촌동 지역이 포함된 용산국제업무지구가 도시개발구역으로 지정될 것이라는 공람 공고 절차가 진행됐다. 이때 제출된 주민 의견 약 2800건

서울시[오세훈] 는 주민공청회를 열어 주민여론 수렴하고
드림허브프로젝트금융[주]
역세권 개발[주] 는 [역세 개   이원익] 누구를 위한 개발인가 !!!
2년된 동원 베네스트 새아파트 주민의 재산과 삶의 터전을 강제로 뺏지마라 !!!
동원 베네스트 아파트 비상대책위원회 · 부녀회

2년된 새아파트 철거가 웬말이냐
동원베네스트아파트 비상대책위원회

주차 금지

통합 개발에 반대하는 서울 용산구 서부이촌동 동원아파트 모습

가운데 통합 개발에 대한 반대는 약 1600건으로 비율은 57%에 달했다. 용산구청은 서울시에 '주민 의견을 반영하는 개발 방식이 타당하다'라는 의견을 제안하기도 했다.

부동산 및 정비업계에서는 서울시가 서부이촌동을 사업 대상지에 포함시킨 것을 용산 개발이 실패한 원인 중 하나로 보고 있다. 김경민 서울대 교수는 "서부이촌동이 포함되지 않았으면 한국철도공사 용지만 남기 때문에 파산 가능성이 낮아졌을 것"이라며 "사실 우리나라가 금융위기를 장기간

겪은 것은 아니다. 단기간에 극복했기 때문에 한국철도공사 용지만 대상으로 사업을 진행했다면 용산 일대 모습이 지금과는 크게 달라졌을 것"이라고 말했다.

사업 규모가 커진 만큼 이해관계자도 늘어나면서 사업 부담은 더욱 커졌다. 서울시 도시 · 건축공동위원회의 2007년 3월과 8월 계획안에 따르면 용산국제업무지구 개발 사업은 서부이촌동 편입 전후로 크게 달라진 것으로 나타났다. 서부이촌동 편입 전인 2007년 3월 계획안에는 사유지가 전체 면적의 0.3% 수

서부이촌동 편입 전후
용산국제업무지구 용지 사유지 비중

	사유지 면적	전체 면적	비중
편입 전	1308	44만2575	0.30%
편입 후	6만3171	56만6800	11.15%

자료: 서울시 도시건축공동위(2007년)   (단위 : ㎡)

준인 1308㎡에 불과했다. 나머지는 모두 정부 또는 공공기관 소유였다.

반면 서부이촌동이 포함된 8월 계획안에서는 전체 면적이 증가하는 동시에 사유지 면적도 11.15%로 증가했다. 당시 서부이촌동 지역에는 아파트만 1635가구가 있었다.

이해관계자가 증가해 프로젝트 기간이 길어지면 그만큼 금융비용 부담이 커질 수밖에 없다. 당시 언론 보도 등에 따르면 용산국제업무지구는 토지 대금을 연체할 때 발생하는 연체 이자율이 17%에 달하는 것으로 나타났다. 사업 속도가 늦어지고, 금융 부담은 늘어나는 악순환을 자초한 셈이다.

사업 주체 간
계속되는 갈등

서부이촌동 편입으로 이해관계자가 대폭 늘어나면서 갈등 역시 첨예해졌다. '한강뷰' 프리미엄을 누리는 서부이촌동 아파트 단지 주민들 입장에서는 자신들이 주도하는 정비 사업이 아닌 만큼 반대 목소리가 클 수밖에 없었다. 여기에 주민들 사이에서도 개발에 찬성하는 의견과 반대하는 의견이 나뉘어 갈등까지 더해졌다.

이 과정에서 서울시는 서부이촌동을 끌어들이고, 인허가권을 지닌 사업 주체 가운데 한 축이면서도 이 같은 갈등을 조정하는 데 별다른 성과를 거두지 못했다. 승만호 서부티엔디 회장은 "서부이촌동은 한강을 낀 수변도시로 자라날 수 있는 가능성이 무궁무진한 곳인데, 현재는 접근 불가능한 맹지가 되고 말았다"며 "도심 재창조가 일어날 수 있도록 길을 열어줘야 한다"고 말했다.

절차상 문제도 제기됐다. 개발 사업에 특정 지역을 포함시키려면 우선 해당 지역에 거주하는 주민들에게 동의를 구한 뒤 진행하는 것이 일반적이다. 그러나 당시 진행 상황에 따르면, 서울시는 2007년 8월 한국철도공사와 철도 정비창 용지, 서부이촌동 아파트를 포함한 개발계획 사업에 합의한 뒤 같은 달 30일 서부이촌동 아파트를 포함한 개발 예상 지역을 토지거래허가 지역으로 지정했다.

용산역세권개발이 주민 설문조사를 진행하고 안내문을 배포한 것은 2008년 3월이다. 서울시가 용산국제업무지구 개발 사업설명회를 열어 주민들의 의견을 들은 것은 같은 해 9월이다. 주민 입장에서는 자신들의 의견이 받아들여지기도 전에 사업이 결정 난 만큼 향후 시나리오에 대한 불안감이 클 수밖에 없었다.

서울시가 이 같은 부작용을 예상하지 못했을 것으로 보는 부동산업계 관계자나 전문가는 없었다. 당시 서울시 관계자는 서부이촌동을 편입하면서 "통합 개발에 따라 한강으로 개방된 경관축을 확보하고, 상업·문화 활동 공간을 한강까지 끌어내 한강 르네상스 계획을 구현하는 기폭제가 될 것으로 기대한다"고 밝혔다.

사업 주체 간 갈등도 악재로 작용했다. 삼성물산이 주관사를 반납한 이후 주관사로 선정된 롯데관광개발과 토지 소유자인 한국철도공사는 사업 진행 방식을 놓고 의견 차이를 좁히지 못했다.

한국철도공사는 사업비 부담 감소를 이유로 단계적 개발을 주장했다. 반면 롯데관광개발은 통합 개발 방침을 굽히지 않았다. 이 과정에서 자금 조달에 대한 어려움이 계속되고, 드림허브 PFV가 채무 불이행 상태에 빠지면서 용산 개발 사업은 삽 한번 제대로 뜨지 못한 채 좌초됐다.

천문학적 사업비가 예상되는 용산 개발이었지만 컨트롤타워가 없었던 탓에 사업 주체 간 갈등, 주민들의 반발 속에서 사업의 중심을 잡는 데 실패했다. 한국철도공사와 롯데관광개발이 주도권을 놓고 갈등을 빚을 때 주무 부처인 국토교통부(당시 국토해양부)는 "민간 사업자들 간 문제에 정부가 나서는 것은 원칙에 맞지 않는다"는 원론적인 답변만 내놨다.

서울시 역시 손발이 묶인 것은 마찬가지였다. 기반시설 조성은 국토교통부, 공원 조성은 국무총리실 산하 위원회, 주 지역 관리는 서울시 등으로 관련 법과 추진 주체가 분산돼 사업

용산역세권개발주식회사 사무실

추진동력을 확보하는 데 실패했다. 서울시 입장에서도 앞장서서 강력하게 드라이브를 거는 게 쉬운 일은 아니었다. 이정형 교수는 "개발을 총괄할 컨트롤타워가 없어 서로 다른 부처의 이해관계를 조율하지 못했다"고 밝혔다.

개발 이익을 둘러싼 갈등이 지속되면서 해외 투자 유치도 원활하게 이뤄지지 못했다. 박해춘 당시 용산역세권개발 회장이 중국, 중동 등을 돌아다니며 투자를 유치하려고 했지만 "기존 한국 주주도 사업이 불확실해 추가 투자를 꺼리는데, 우리가 뭘 믿고 투자

하느냐"는 답변에 발길을 돌릴 수밖에 없었다.

도심 부동산 개발 사업이 부족한 국내에서 용산국제업무지구 개발 사업은 규모가 너무 컸다는 지적도 나왔다. 일본 도쿄에서 큰 규모로 진행된 도심 재개발 사업 가운데 하나인 롯폰기힐스는 면적이 약 11만㎡였다. 사업 기간은 17년이나 걸렸다. 애초에 용산 철도 정비창 용지만으로도 규모가 만만치 않은 상황에서 서부이촌동을 포함시키고 롯폰기힐스보다 짧은 시간 내에 사업을 마무리하겠다는 계획은 실현 불가능한 것이었다.

시장 교체,
폐기된 개발 사업

———

서울시 행정은 2011년 10월 26일을 기점으로 모든 것이 바뀌었다.
이날은 같은 해 8월 오세훈 당시 서울시장이 서울특별시 무상급식
주민투표 부결(정족수 미달로 미개표)로 서울시장에서 물러나면서
신임 서울시장을 뽑은 재보궐선거일이다. 재보궐선거에서 박원순
전 서울시장이 승리하면서 서울시 개발정책에도 변화가 이뤄졌다.

박 전 시장의 정책 키워드 가운데 가장 많이 거론되던 것이 '시민 참
여' '재생과 보존'이다. 전임 시장 시절 추진되던 뉴타운 정책이 사실
상 백지화됐고, 용산 개발도 '시민 참여형 도시계획 방식'으로 변경
하기로 했다.

10년 넘게 지난 지금, 박 전 시장의 재생과 보존을 두고 비판의 목소
리가 높다. 노후화하는 서울을 방치했다는 지적이 끊이지 않는다.
용산의 개발 시계 역시 멈춰 섰다. 민주주의 사회에서 정치 권력 교
체는 유권자의 선택이다. 다만 여전히 낙후된 용산 일대의 모습은
이념이나 성향과 관계없이 정책의 일관성에 대한 진지한 논의가 필
요한 것 아니냐는 고민을 하게 만든다.

'재생과 보존'으로
선회한 서울시

서울 종로구 창신동 일대에 위치한 창신숭인뉴타운은 박 전 시장 시절 개발이 아닌 재생과 보존으로 방향을 튼 대표적인 곳이다. 창신동이 포함된 창신숭인뉴타운은 2013년 서울에서 가장 먼저 뉴타운 사업이 해제됐다. 2014년에는 전국 1호 도시재생사업지구로 선정됐다.

현재 창신동 일대 주민 사이에서는 재생 사업에 대해 찬성보다는 반대 의견이 더 많다. 주택산업연구원에 따르면 창신동의 노후 주택 비율은 72.2%(2017년 기준)로 성북구 정릉동(74.9%)에 이어 서울에서 두 번째로 높다. 비가 온 다음 날에는 골목에 악취가 끊이질 않고, 곳곳에서 폐가와

화장실을 쉽게 찾아볼 수 있다. 마을버스도 다니지 못할 정도로 도로가 좁은 곳이 많아 주민 대부분이 어쩔 수 없이 오토바이를 타고 다닌다.

정비업계에서는 창신동 일대의 지금 모습을 재생과 보존의 대표적 실패 사례로 꼽는다. 창신동뿐만 아니라 서울 중심부에 위치한 세운상가 재개발 사업 과정에서 무리하게 보존 결정을 내리고, 미래문화유산이라는 이름으로 재건축 추진 아파트 가운데 한 동을 보존하도록 한 것도 재생과 보존 정책의 사례다.

국내 첫 도시재생사업지구로 선정된 이후 노후화를 막지 못한 서울 종로구 창신동 일대 모습

박원순 전 서울시장의 재건축 흔적 남기기 정책으로 한 개 동이 철거되지 않고 남아 있는
개포프레지던스자이(개포주공4단지) 공사 현장

'분리 개발'에
꼬이는 용산 개발

재생과 보존의 흐름은 용산도 피해 가지 못했다.

박 전 시장 재임 시절인 2017년 서울시는 용산전자상가 일대를 도시재생활성화지역으로 선정했다. 이후 5년간 약 477억원을 투입해 상권을 활성화하려고 했지만 용산전자상가 일대는 쇠퇴를 기듭했다.

박 전 시장은 용산전자상가를 4차 산업혁명의 혁신기지로 재탄생시키겠다고 했지만 이곳은 여전히 사람들의 발길이 뜸하다. 개발 구호만 난무할 뿐 구체적인 실행 방안이 추진되지 않아 일대 상인들의 생계는 더 고달파졌다.

개발 소식이 들리면 건물주들은 기존 상인들과의 재계약을 적극적으로 진행하지 않는다. 건물을 빨리 팔려면 임대 재계약을 하지 않는 것이 유리하기 때문이다.

도시재생을 통해 개발 시그널이 전해졌음에도 별다른 진전이 없자 용산전자상가 상인들의 마음고생은 더욱 심해졌다. 이정형 교수는 "용산전자상가 일대 역시 용산 개발에서 중요한 지역이지만, 박 전 시장 시절 도시재생활성화지역으로 지정된 이후 제대로 된 것이 없다"며 "서울시장이 (박 전 시장으로) 교체된 뒤 사실상 개발이 전부 멈춰 섰다"고 지적했다.

정치 권력이 교체된 이후 용산 개발의 핵심인 기존 용산국제업무지구 개발 사업에도 제동이 걸렸다.

박 전 시장은 2012년 1월 '뉴타운·정비 사업 신정책 구상'을 발표했다. 주민이 원하지 않는 재건축·재개발 사업은 원점에서 재검토한다는 것이 발표의 핵심이었다. 같은 해 2월에는 용산국제업무지구 개발과 관련해 주민 의사를 확인하는 절차를 거쳐 사업 범위를 조정하겠다고 밝혔다.

이는 서부이촌동 아파트 단지 가운데 용산국제업무지구 개발을 강하게 반대하는 곳을 개발 사업에서 제외하겠다는 것을 의미했다. 철도 정비창 용지와 서부이촌동 분리 개발이 확정되면 토지 가격 조정, 사업계획 변경, 출자자 반발 등을 피할 수 없다. 이미 숱한 이해관계자가 포함돼 사업이 속도를 낼 수 없는 상황에서 서울시가 이를 조정하지 않고 갈등을 더욱 키운

한산한 용산전자상가 일대의 모습

셈이다. 여기에 일부 지역이 이탈할 경우 서울시가 오히려 난개발을 조장했다는 비판도 피할 수 없다.

'말 바꾸기'에 또다시 좌초된 용산

오락가락 시그널도 용산국제업무지구 개발 사업에 대한 혼란을 부추겼다. 박 전 시장은 2018년 7월 싱가포르에서 기자간담회를 열고 용산과 여의도 개발 청사진을 밝혔다. 당시 그는 "여의도를 통으로 재개발할 것"이라며 "공원과 커뮤니티 공간을 보장하면서 건물을 높일 계획을 하고 있다"고 말했다. 용산에 대해서도 박 전 시장은 "서울역~용산역 지하화 구간에 MICE 단지와 쇼핑센터가 들어올 것"이라며 "철로 상부 공간을 덮고 대학 캠퍼스, 도서관, 병원이 들어선 프랑스 파리의 '센 리브고슈' 프로젝트와 유사하게 만들 것"이라고 밝혔다.

센 리브고슈 지역은 용산과 비슷한 철

도 중심지다. 지상철로로 양쪽 지역이 단절됐고, 오랜 기간 개발 사업이 방치되면서 주변 지역이 슬럼화됐다. 파리시는 센 리브고슈 지역 철로를 인공 지반으로 덮어 땅을 조성하고 민간 기업에 이를 팔았다. 해당 용지에 대학, 종합병원 등이 들어서면서 일대는 큰 변화를 맞았다.

이는 용산구 일대 지상철로를 지하화해 공간을 활용해야 한다는 주장과도 일맥상통하는 개발 방식이다. 서울시는 2018년 8월과 9월 '여의도 마스터 플랜'과 '용산 마스터 플랜'을 공식 발표할 예정이라며 개발 사업에 대한 강한 의지를 보였다.

그러나 용산의 개발 시계가 다시 돌아갈 것이라는 기대감은 집값 상승을 우려한 정부의 입김에 순식간에 사라졌다. 박 전 시장이 용산 개발 마스터 플랜을 발표한 이후 용산구 일대 아파트 가격은 빠르게 상승했다. 이에 김현미 당시 국토교통부 장관이 나서서 "(여의도·용산 개발 등은) 중앙정부와 협의가 필요한 사안"이라며 제동을 걸었다. 결국 박 전 시장은 같은 해 8월 26일 본인이 공표한 여의도·용산 마스터 플랜에 대해 "부동산 시장이 안정

박원순 전 서울시장이 여의도·용산 마스터 플랜 연기를 발표하면서 한산해진 서울 용산구 일대 공인중개업소 모습

될 때까지 무기한 보류하겠다"며 계획을 뒤집었다.

용산 개발은 다시 한 번 좌초됐고, 두 달도 되지 않아 이뤄진 '말 바꾸기'로 시민들의 혼란은 극에 달했다. 용산과 여의도 일대 아파트 가격이 급등해 위약금을 물고서라도 아파트 매매 계약을 취소하는 사례도 속출했다. 김기병 롯데관광개발 회장은 "용산 개발이 멈춰 선 것은 인재였다"며 "과거 경험으로 배운 만큼 외부 개입으로 개발의 불이 꺼지지 않도록 해야 한다"고 말했다.

오염 처리 비용,
아직 끝나지 않은 문제

용산 일대를 개발하기 위해 넘어야 할 또 하나의 산은 용산공원 문제다. 용산 미군기지 용지를 전부 공원으로 조성하면 걸어서 10분 이내 거리에 있는 지하철역만 9개에 달하게 된다.

용산 미군기지로 활용되던 용지에 용산공원을 만들겠다는 이 같은 구상은 어찌 보면 용산국제업무지구 개발 사업 이상으로 복잡할 수 있다. 일단 환경오염 문제를 해결해야 한다. 오랜 기간 미군기지로 활용된 만큼 이 일대 토양이 오염됐을 것이라는 목소리가 높다. 미군기지 용지뿐만 아니라 철도 정비창 용지 역시 환경오염 문제에서 자유롭지 못하다.

문재인정부가 출범한 이후 부동산 가격이 급등하면서 용산공원 용지 일부에 아파트를 지어 주택 공급 문제를 해결해야 한다는 목소리도 나온다. 도심 속 공원 공간 부족 등 이유로 아파트 공급이 이뤄질 가능성은 낮지만, 정치적 이유로 언제든 논의가 재점화될 수 있다.

천문학적
환경정화 비용

용산국제업무지구 개발 사업이 좌초된 이후 한국철도공사는 법적 분쟁 끝에 2018년 철도 정비창 용지 소유권을 완전히 넘겨받았다. 2000년대 중·후반 용산국제업무지구 개발 사업 발표를 시작으로 법적 분쟁이 마무리될 때까지 개발 사업은 첫 삽을 뜨지 못했을 뿐만 아니라 정화 사업도 속도를 내지 못했다.

철도 정비창 용지로 사용됐던 만큼 사업이 원활하게 진행되려면 환경 정화 작업이 우선돼야 한다. 한국철도공사는 2019년 4월 말 서울 용산 역세권 용지 37만9946㎡에 대한 오염 토양 및 지하수 정화 사업을 같은 해 7월부터 시작한다고 밝혔다. 책정된 사업비만

1834억원에 달한다.

철도 정비창 용지는 1905년 철도차량기지가 만들어진 이후 열차 정비가 이뤄져 온 지역이다. 환경 문제에 대한 기준이 지금처럼 엄격하지 않았던 탓에 중금속 가루 등이 섞인 폐기물이 방치되거나 땅속에 묻혔다.

초기에 개발에 나선 드림허브PFV의 조사에 따르면 중금속, 기름 등 각종 오염물질의 총량은 69만㎥에 달하는 것으로 집계됐다. 이는 15t 트럭 약 7만2000대분이다.

이 같은 환경 문제는 용산공원에서도 '현재 진행형'이다. 오랫동안 미군기지로 사용된 탓에 벤젠 등 각종 중금속 유출 논란에서 자유롭지 못하다. 비용 부담 문제 역시 용산공원을 개발하기에 앞서 해결해야 할 과제다.

서울 여의도 63빌딩에서 바라본 용산구 전경

비용 부담 주체도
결정 못 해

한국과 미국은 2022년 2월 말 서울 용산 주한미군기지 일부와 경기도 의정부 캠프 레드클라우드 기지 반환에 합의했다. 당시 한미는 용산 미군기지 일부, 의정부 캠프 레드클라우드, 의정부 캠프 스탠리 취수장 등 세 곳을 반환하는 내용이 담긴 주한미군지위협정(SOFA) 합동위원회 공동성명을 채택했다.

용산 미군기지 용지가 반환되는 것은 이번이 두 번째다. 이번 합의에 따르면 용산 미군기지 용지 중 16만5000㎡가 반환된다. 메인포스트 2개 구역, 사우스포스트 1개 구역이 해당된다.

미국은 2020년 12월 용산 미군기지 내 스포츠필드, 소프트볼 경기장 등 2개 구역(5만3418㎡)을 반환했다. 지금까지 반환된 용산 미군기지 용지는 약 21만8000㎡로 전체 면적의 10% 수준

용산 미군기지 내부의 모습

용산공원 조성 개요

구분		내용
면적		300만㎡(용산기지, 국립중앙박물관, 용산가족공원 용지 등 포함)
용지 반환 현황	2020년 12월	스포츠필드, 소프트볼 경기장 2개 구역(5만3418㎡)
	2022년 2월	메인포스트 2개 구역 및 사우스포스트 1개 구역(16만5000㎡)
주요 절차		용지 반환 → 환경 조사 → 정화 작업 → 공원 조성
주요 변수		현재 진행형인 토양 및 지하수 오염 논란
		환경 정화 비용 발생 시 부담 주체 불명확

이다.

당시 문재인정부는 사용 중인 용산기지는 구역별로 여건이 달라 단계적으로 반환받는 것으로 미국과 협의했다고 밝혔다. 문제는 순차적으로 반환이 이뤄져도 윤석열 대통령의 용산공원 공약이 속도를 내기 어렵다는 점이다. 윤 대통령은 후보 시절부터 용산 집무실과 용산공원을 연결해 수시로 소통하는 대통령이 되겠다고 강조했다.

용산공원,
대통령이 직접 나서야

국방부가 반환 지역을 확정하면 환경부는 해당 용지의 토양, 지하수에 대한 환경 조사를 진행한다. 문제는 미군기지 용지가 토양, 지하수 등 환경오염 논란의 중심에 있다는 점이다. 2018년 환경단체 녹색연합의 정보 공개 청구로 서울시가 공개한 '용산 미군기지 주변 유류오염 지하수 오염도 현황'에 따르면 녹사평역(서울지하철 6호선) 주변 지하수의 벤젠 수치는 최대 17.557㎎/ℓ로 조사됐다. 1년 전인 2017년 최대치 4.214㎎/ℓ보다 네 배 높아졌다.

환경부는 벤젠을 위해물질로 지목하고 있다. 벤젠은 졸음, 의식 불명, 통증, 설사, 현기증, 경련, 구토, 백혈병을 유발하는 것으로 알려졌다. '주한미군 공여구역주변지역 등 지원 특별법'에 따라 5년마다 진행되는 환경기초조사 보고서에 따르면 국내 미군기지 가운데 절반이 넘는 곳에서 토양·지하수 오염이 확인됐다.

대구 등 다른 미군기지 반환 지역에서도 벤젠 등 유해물질이 대량으로 검출된 바 있다. 용산기지 역시 오랜 기간 군사기지로 사용된 만큼 그 일대가 오염돼 있을 가능성이 높다는 지적이다. 정화 작업에 나선다고 해도 이 비용을 어느 측에서 부담할지에 대한 협상이 이뤄져야 한다. 토지 정화 작업은 건물을 짓는 것처럼 준공 시점이 정해져 있는 것이 아니라, 오염물질이 일정 기준치 이상 나오지 않을 때까지 계속되는 만큼 종료 시점을 예상하기 어렵다는 분석도 나온다.

국토교통부는 2021년 말 용산공원정비구역 종합기본계획 변경계획 고시를 통해 공식 개원 시점을 기존 2027년에서 '기지 반환 시점+7년'으로 늦췄다. 용지 반환이 이뤄진다고 해도 환경 이슈를 완전히 해결하기까지는 시간이 더 걸릴 수밖에 없다는 이야기다.

윤석열정부 첫 환경부 장관인 한화진 장관의 인사청문회에서도 이 문제를 놓고 공방이 오갔다. 윤미향 무소속 의원은 "정화에 걸리는 시간에 대해서도 아직 파악하지 못하고 있는 것 같은데, 윤석열정부가 제대로 된 소통 없이 발암물질 범벅인 용지를 시민공원으로 조성한다는 것은 이해가 안 된다"고 말했다. 이수진 더불어민주당 의원은 "미군캠프에서는 발암물질인 벤젠이 기준치의 10배를 초과해 검출됐고, 기지 중심부 오염은 더 심각할 것"이라며 "환경부 장관으로서 무리하게 개방을 추진하지 말아야 한다"고 강조했다.

이에 임이자 국민의힘 의원이 "문재인정부의 용산기지 공원 조성 계획은 적법하고, 윤석열정부가 하면 잘못된 것인가. 용산기지 임시 개방을 발표한 것은 문재인정부이고, 윤석열정부의 개방 방침은 문재인정부의 정책을 이은 것"이라고 반박하는 등 날 선 공방이 오갔다.

용산공원을 둘러싼 논란을 마무리 지으려면 결국 대통령 직속 기구나 위원회가 용산 일대 개발을 총괄해야 한다. 정화 비용 등 문제가 미국과 얽혀 있는 만큼 해당 부처에 맡기는 것보다 대통령이 직접 나서야 책임 있는 개발이 가능하다는 것이다.

익명을 요구한 한 대학 교수는 "문재인정부 시절 한미 관계가 매끄럽지 않아 미국과의 협의가 원활히 이뤄지지 못했다"며 "누구에게도 결정권이 없으면 논의만 하다가 끝날 테니 대통령실 이전을 계기로 대통령이 직접 나서야 한다"고 말했다.

04

세계는 도시전쟁

'용적률' 사고파는 뉴욕,
도시의 스카이라인 바꿨다

미국 뉴욕 맨해튼 서쪽 30~34가, 10~12애비뉴 사이. 축구장 약 13개 크기 용지에서는 허드슨야드 프로젝트가 진행되고 있다. 2500개 계단으로 이뤄진 거대한 나선형 구조물인 '베슬(Vessel)'을 비롯해 초대형 공연장과 쇼핑몰, 395m 높이 초고층 빌딩인 '30허드슨야드' 등이 들어서 거대한 위용을 뽐낸다.

맨해튼 철도 차량기지 용지 약 11만3000㎡를 활용해 주거 · 업무 · 상업복합단지를 조성하는 허드슨야드 프로젝트는 총사업비가 250억달러(약 28조4000억원)에 달한다. 미국에서도 역대 최대 부동산 개발 사업으로 꼽힌다. 뉴욕 새 랜드마크로 떠오른 이곳은 2005년 10월부터 개발이 본격적으로 추진됐다. 2012년에 착공했고 2025년에 완공될 예정이다.

총 16개 초고층 타워형 건물이 들어서며, 이곳에는 고급 아파트, 광장, 호텔, 쇼핑센터, 공연예술센터 등이 자리를 잡는다. 이 밖에도 콜버그크래비스로버츠(KKR) 등 자산운용사, CNN 등 미디어 회사를 비롯해 로레알, SAP 등 다수 기업이 허드슨야드에 들어서 있다.

금융위기 파고 넘은 美 역대 최대 개발 사업

비슷한 시기에 태평양 건너 지구 반대편, 비행기로 14시간 거리에 위치한 대한민국 서울에서도 허드슨야드와 쌍둥이처럼 닮은 '용산국제업무지구' 개발 사업이 태동했다. 2006년 8월 국토교통부가 철도경영 개선 대책 일환으로 '용산역세권 개발계획'을 발표한 것. 한강로3가 일대 용산 철도 정비창 용지(44만2000㎡) 등 총 56만6000㎡를 서울을 대표하는 국제업무와 상업 중심지로 만들겠다는 야심 찬 구상이었다. 예상 총사업비는 31조원으로 '단군이래 최대'라는 수식어가 따라붙었다. 철도 용지, 개발계획, 사업비 규모 등 우연의 일치라고 하기에 허드슨야드와 용산은 묘하게도 많이 닮았었다.

하지만 2022년 현재 두 곳의 운명은 완전히 엇갈렸다. 허드슨야드가 뉴욕의 새 랜드마크로 탈바꿈한 반면 용산 철도 정비창 용지는 마른 나무와 잡초만 무성해 황량한 모습이다.

뉴욕 허드슨야드 개발 프로젝트 공사 현장

쌍둥이처럼 닮았지만 결과는 판이하게 달랐던 용산 정비창과 허드슨야드

허드슨야드와 용산지구의 운명을 가른 1차 요인은 2008년 글로벌 금융위기다. 허드슨야드도 금융위기 발발로 2008년 사업자가 변경되는 등 혼란을 겪었다. 하지만 토지주 메트로폴리탄 교통공사(MTA)가 사업자에게 용지를 장기 임대 방식으로 빌려주고 임대료를 유예해 주면서 위기를 헤쳐 나갔다. 그리고 2012년 12월 착공이 이뤄졌다. 이창민 한양대 부동산융합대학원 교수는 "뉴욕 허드슨야드 개발은 정부의 체계적인 지원과 조정자 역할, 공공과 민간 간 파트너십을 통해 활기 있는 도시 공간을 창출한 도시재생의 성

공 사례"라면서 "서울도 이러한 모델을 참고해 적극적으로 도시 경쟁력을 높일 필요가 있다"고 지적했다.

'공중권 거래'로 맨해튼 심장부 개조

맨해튼 42번가, 150년에 가까운 역사를 자랑하는 그랜드센트럴터미널 바로 옆에 높이 461m(67층)의 초고층 주상복합 빌딩이 들어섰다. 최고급 레지던스와 오피스가 들어설 '원밴더빌트'는 원월드트레이드센터(541m)에 이어

미국에서 두 번째로 높은 건물이다. 1871년에 건설된 이래 아름다운 보자르 양식의 외관과 화려한 내부 장식으로 그 자체로 최고의 문화유산이 된 1층 건축물인 그랜드센트럴스테이션을 그대로 보존하면서도 뉴욕 시민들이 가장 살고 싶거나 일하고 싶어 하는 곳으로 도시 심장부를 탈바꿈 시켰다.

그랜드센트럴터미널에서 차로 10분 거리인 맨해튼 53번가 뉴욕현대미술관(MoMA · 모마). 5층 건물인 미술관 바로 옆에도 320m(82층) 높이의 '53W53' 빌딩이 들어섰다. 프랑스 출신의 세계적인 건축가 장 누벨이 디자인해 그 자체로 하나의 거대한 작품인 이 건물은 1~5층엔 미술관, 6~82층엔 뉴욕 센트럴파크를 조망할 수 있는 초호화 콘도미니엄이 들어왔다.

세계 최대 도시인 뉴욕은 지금 도심 곳곳에 300m를 훌쩍 넘는 초고층 빌딩들이 건설되고 있다. 그 가운데서도 가장 대표적인 원밴더빌트와 53W53 빌딩에는 주목할 만한 공통점이 있다. 바로 옆에 위치한 오랜 역사의 중앙역과 미술관의 공중권(Air Right)을 사들여 뉴욕 도심에 새로운 주거지를 만

뉴욕 원밴더빌트 빌딩

콘도미니엄 빌딩 53W53

들어 내고 있다는 것이다. 1층 건물이 넓은 땅을 차지하는 그랜드센트럴터미널은 개발 가용 공중권이 어마어마하다.

공중권이란 도시 내 공지를 포함한 기존 건축물, 도로 등 현존 구조물의 상부 공간에 대한 개발 권리를 말한다. 미국에서는 1970년에 공중권을 사고 팔 수 있도록 허용하는 개발권양도제도(TDR)를 도입해 공중권 거래가 원활하게 이뤄시고 있다. 뉴욕시는 공중권 거래를 통해 역사 보존과 고밀 개발이라는 두 마리 토끼를 잡은 것으로 평가받는다.

프랭크 루챌러 뉴욕시 지구계획담당 부국장은 "TDR는 개발을 위한 제도라기보다는 도심에서 역사적으로 보존가치가 있는 빌딩을 유지하기 위해 마련한 제도"라면서 "저층의 문화유산 소유자가 공중권을 타인에게 양도하는 방법으로 기존 건축물의 재개발 없이도 개발 이익을 누릴 수 있도록 하는 것"이라고 말했다.

또한 그는 "결과적으로 개발권을 양도받은 지역에는 새로운 랜드마크 빌딩이 만들어질 수 있고, 경관이 좋은 지역에 높게 건물을 올려 조망을 극대화함으로써 빌딩의 경제적 가치를 높일 수 있다"고 덧붙였다.

실제 뉴욕에서는 5~6년 전부터 공중권 거래를 통해 조망이 좋은 센트럴파크 주변 맨해튼 57번가를 중심으로 날씬하고 높은 '슬렌더' 빌딩 건축이 유행하고 있다. 공중권 거래를 통해 2016년 완공된 주상복합 빌딩 '432파크애비뉴'는 뉴욕 도심에 잇달아 지어지는 슬렌더 빌딩의 상징이다. 지상 89층, 426m로 미국에서 현재 세 번째로 높은 빌딩이자 세계에서 가장 높은 아파트다. 건물 91층 펜트하우스 2개(합계 면적 742㎡)가 3.3㎡당 3억원에 육박하는 높은 가격에 거래되기도 했다. 공중권 거래는 저층 건축물 소유자에게도 이득이다. 그랜드센트럴스테이션을 운영하는 메트로폴리탄교통공사는 만성 경영난에 허덕이고 있는데, 원밴더빌트에 공중권을 매각해 이를 일부 개선했다. 또 원밴더빌트 지하 공간은 그랜드센트럴터미널과 연결되고 새로운 환승시설도 들어서 철도 이용자들의 편의성도 높아질 예정이다. 뉴욕현대미술관 역시 공중권 매도를 통해 53W53 빌딩 저층 5개 층에 미술관을 추가로 확보했다. 고급 콘도

미국 맨해튼 432파크애비뉴

거주자들이 손쉽게 찾을 수 있어 안정적인 방문 수요를 확보하는 효과도 얻었다.

도시계획 전문가들은 '직주락(職住樂·Work Live Play)'에 필요한 것을 담아내기 위해서는 미국과 같은 유연한 규제가 필수라고 조언한다. 용적률과 용도 규제를 과감하게 풀어 고층·고밀도로 설계된 '버티컬시티'를 만들고 유연한 스카이라인을 허용해야 한다는 것이다. 용산 철도 정비창 일대 용도를 중심상업지역으로 지정했을 때 '국토의 계획 및 이용에 관한 법률'이 허용한 용적률은 최대 1500%였다. 김승배 한국부동산개발협회장은 "뉴욕을 대표하는 업무·문화·상업시설로 개발되는 허드슨야드만 해도 상업지역은 평균 용적률이 2000%를 넘고, 공공기부 시 용적률은 3300%까지 허용된다"며 "다양한 인센티브를 통해 이곳에서만 28조원 규모 투자를 이끌어 내고 있고 5만5000개의 일자리가 만들어지고 있는데, 우리는 금싸라기 땅에 아파트를 지어야 한다는 식의 행태를 보이고 있다"고 평가했다.

혁신도시 만들기, 대학도 힘 보탰다

맨해튼 동쪽 이스트강에 위치한 루스벨트섬 코넬테크 캠퍼스. 뉴욕시가 '세계 최고의 기술혁신 허브'를 뉴욕에 구축하겠다는 큰 꿈을 갖고 공과대 설립 프로젝트의 닻을 올린 지 7년 만인 2017년에 처음 결실을 맺었다.

캠퍼스 중심부에 자리 잡은 '브리지'라는 이름의 건물은 교수와 학생, 기업가와 투자자를 한데 묶어주는 '소통과 협업'의 장소다. 건물 내부에 칸막이를 최소화했고 외벽을 온통 유리로 장식해 투명한 느낌을 강조했다. 코넬테크에는 교수들의 개인 사무실이 없다. 연구 서적이 수북이 쌓인 교수실은 대학 캠퍼스의 상징과도 같지만 이곳에는 눈을 씻고 찾아봐도 교수실이 없다.

2017년 개교 행사에서 대학 측은 코넬테크의 '비밀 병기'인 스타트업을 일부 공개했다. 아이들의 영어 발음을 교정해 주는 모바일 애플리케이션 개발 업체 '스피치업'과 제품 개발자의 생산성을 높여 주는 '울사' 경영진이 직접 회사를 소개해 관심을 끌었다. 그레그 패스 코넬테크 교수는 "우리 학교 학생들이 참여하고 있는 38개 스타트업을 비롯해 씨티그룹, 버라이즌, 페라로, 투시그마 등 많은 기업이 이곳의 문을 두드리고 있다"고 말했다.

기업과 대학이 만나 제2 실리콘밸리

코넬테크 공사 현장

코넬테크 캠퍼스

를 만드는 새로운 실험이 진행되고 있는 것이다. 30년 내로 '4차 산업혁명'을 주도할 400개 이상의 신생 기업을 배출하는 게 코넬테크의 야심 찬 생각이다. 이 중에서 제2의 구글, 페이스북, 아마존이 탄생하리라는 기대가 담겨 있다.

1억달러 기부자인 마이클 블룸버그 전 뉴욕시장의 이름을 딴 '블룸버그센터'는 정보공학, 컴퓨터과학, 테크 MBA 등 석·박사 과정이 진행되는 강의동이지만 웬만한 대기업 뺨치는 첨단 기자재로 무장했다. 뉴욕시가

2010년 12월 프로젝트의 첫발을 내디뎠을 때 미국 6개주와 8개국에서 제안서가 18개 날아들었고 치열한 경쟁 끝에 승리를 쟁취한 곳이 바로 코넬대다. 코넬대는 루스벨트섬 캠퍼스를 2043년까지 총 3단계에 걸쳐 확장해 2500명을 수용하는 기술 혁신의 전당으로 키울 계획이다. 블룸버그 전 시장은 "기술혁신은 뉴욕시를 세계 경제의 수도로 만든 원동력이었다"며 "이런 위상을 계속 이어 가야 하며 코넬테크가 그 중심에 있을 것"이라고 말했다.

도시의 변신에 글로벌 '빅테크'도 화답

2021년 9월 구글은 맨해튼에 있는 화물터미널을 21억달러(약 2조5000억원)에 인수했다. 뉴욕에 제2 거점을 마련하고 고용 인력을 수년 내 1만2000명에서 1만4000명으로 늘리겠다는 구상이다. 2020년 아마존도 맨해튼 중심부에 있는 로드앤드테일러백화점을 11억5000만달러에 인수했다. 리모델링 작업을 마치면 개발 인력을 중심으로 2000여 명이 이곳에 신규 입주할 예정이다.

'포스트 코로나' 시대를 겨냥해 최근 세계적인 빅테크 기업들이 뉴욕에 새로운 거점을 마련하고 있다. 우수한 인재를 끌어들이기 위해서는 멋진 도시 환경이 필수라는 판단이 작용한 것으로 평가된다. 최근 '직주락', 즉 일과 주거, 즐거움을 함께 제공하는 도시가 세계적인 기업이 거점 도시를 선정하고 투자를 유치할 때 중요하게 생각하는 기준이 되고 있다는 의미다.

김현수 단국대 도시계획 · 부동산학부 교수는 "4차 산업혁명이 가져오는 기술혁신으로 성장동력이 도심으로, 대도시의 중심지로 몰려오고 있다"며 "맨해튼의 허드슨야드와 같은 프로젝트는 당해 국가의 경쟁력을 끌어올리는 혁신 스테이션의 역할을 해 가고 있다"고 평가했다.

끊임없이 진화를 추구하는 '빛의 도시' 파리

———

200년 전 프랑스 파리의 별명은 '악취의 도시'였다. 좁은 도로에 땅은 질퍼덕거리고 곳곳에서 악취가 풍기는 비위생적인 도시였다. 1853년 '파리 대개조' 계획이 나왔지만 개발비용이 막대해 무리한 프로젝트라는 우려가 따라다녔다. 하지만 프랑스 국민과 정치인이 단합해 계획을 진행했고, 36년 만에 파리를 세계인들에게 사랑 받는 도시로 만들었다.

유럽 최대 비즈니스 파크 라데팡스

1950년대 후반 도시 성장이 무질서하게 이뤄지자 프랑스는 또다시 칼을 꺼내 들었다. 자본들이 파리를 빠져 나가는 일이 빈번해지면서 파리 내에서의 수직적 개발을 고려해 볼 수도 있었지만, 역사적 건물을 보존하고 교통체증을 방지하기 위해 업무와 집을 연결할 수 있는 새로운 지역이 필요했다. 프랑스 정부는 파리 북서쪽 6㎞ 지점의 빈 땅으로 눈을 돌렸다. 미개발지여서 건물을 짓기 편리하고, 토지 소유권 문제로 인한 마찰도 거의 없을 것이라고 판단했다. 여기에 더해 거대한 지하부를 마음껏 이용할 수 있다는 것도 큰 장점으로 꼽혔다. 위치적으로 파리와 가까울 뿐만 아니라 역사적인

축을 잇는다는 의미도 있었다.

라데팡스 개발이 첫발을 뗀 것은 1955년이다. 정부가 경제상업지구 건설계획을 가지고 지구를 선정하는 작업을 마쳤다. 1958년 개발 주체인 라데팡스 지구정비공사(EPAD)가 개발계획을 수립했고, 1964년 전체 마스터 플랜이 완성됐다. 1988년까지 2단계의 과정을 거쳐 개발 윤곽이 완성됐으며 신개선문 건설을 시작으로 오늘날에 이르렀다.

시행착오가 만만치 않았다. 초기 상업·업무중심지구는 개성 없는 획일적인 경관으로 계획됐다. 가령 주택은 중층의 8층 건물로서 사각형, 상업용은 저층으로 돼 있었으며 또한 각 건물의 평면은 가로 42m, 세로 24m로 통일돼 있어 개성 없는 획일적인 경관이 예상됐다. 1970년 이뤄진 마스터

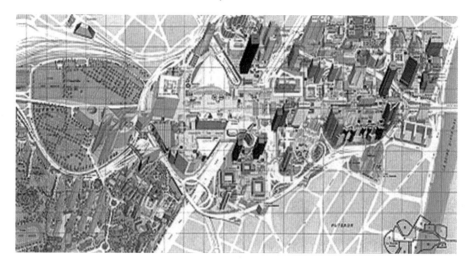

라데팡스 토지 이용 및 조감도

플랜 변경은 건축 규제의 유연한 적용을 가능하게 했다. 건축 형상에 대한 규제를 폐지하고 높이 제한을 180m 이하로 조정하면서 경제적인 효율성을 강조했다.

이는 민간 사업자들로부터 환영을 받았다. 건물 디자인, 볼륨 등에 대한 규제 자유화가 이뤄지면서 삼각형, 사각형, 원형 등 기하학 형태의 건물이 건설됐으며 도시의 스카이라인 또한 불규칙하게 됐다. 주거지구의 건축물은 특이한 창문과 외관 디자인을 갖춘 원통형 고층 주택으로 건설돼 현재 독특한 경관을 형성하고 있다. 이런 건축물의 다양성은 오늘날 라데팡스의 상징으로 인식되고 있다.

라데팡스는 건축물의 시험장이라고 할 만큼 다양한 형태의 건축물이 유명한 건축가에 의해 건축됐다. 그중 가장 대표적인 건축물이 바로 신개선문이다. 신개선문은 50년에 가까운 라데팡스 개발 기간에 변함없이 적용되고 있는 '역사적 중심축(Great Axis) 연결'이라는 상징성을 나타내는 건축물이다. 신개선문은 루브르박물관, 콩코르드 광장, 샹젤리제 거리, 개선문으로 이어지는 역사적 중심축 선상에 프랑스 혁명 200주년을 기념하는 상징물로 건립됐다. 이 중심축은 17세기부터 프랑스 각 왕조나 정부에 의해 건설되기 시작한 대로로서, 역사의 흐름을 의미한다.

라데팡스는 고밀 개발에도 불구하고 '복층 구조'라는 독특한 공간 구성을 구현해 냈다. 정부 보조와 건축권 판매로 조성된 대부분 자금을 활용해 14번 고속도로(A14), 지하철 메트로 1번선, 고속철도(RER) A선, 국철(SNCF), 버스 18개 노선 등 라데팡스로 진입하는 모든 교통수단을 복층 도시의 1층으로 유도하는 지하교통망을 건설했다. 실제로 외부에서 라데팡스로 들어오는 사람들 중 80%가 이 지하교통망을 이용한다.

현대식 건물이 즐비한 라데팡스

라데팡스 신개선문

라데팡스 지상 보행광장

모든 교통수단을 복층 도시의 1층으로 유도하면서 2층을 보행 전용 공간이자 다양한 활동을 담는 문화 공간으로 만드는 게 가능해졌다. 지하교통망을 통해 관광버스를 제외한 모든 차량을 지하로 다니게 하면서 교통사고 등 우려가 없는 '자동차에서 해방된 도시'를 구현할 수 있었다.

개발계획을 수립하는 데에만 30년 넘게 걸렸던 라데팡스는 결국 유럽 최대 비즈니스 허브로 탈바꿈했다. 1970년대 이후 프랑스 국내외 기업들의 진출이 줄을 이었고, 비즈니스 지역을 중심으로 1600여 개 기업이 이곳에 본사나 지사를 설치했다. 엘프아퀴타인, EDF, 토탈, 프랑스텔레콤 등 프랑스 상위 기업 20곳 중 14곳이 이곳에 본사를 두고 있고 엑손, IBM, 모빌 등 세계적 기업들이 대거 입주해 있다. 현재 2만여 명이 입주해 있고, 15만명의 종사자가 3000여 개 회사에서 근무하고 있다.

라데팡스 조각상

라데팡스는 프랑스의 새로운 관광자원이기도 하다. 파리 중심부의 역사적 보전 건물과 대비된 도시 내 건물 형태는 관광객들의 이목을 끈다. 신개선문 뒤쪽에 인접한 퍼시픽타워는 서양의 전통적인 흰 벽을 의미하는 흰색의 콘크리트와 동양의 나무와 종이로 만든 미닫이문 등으로 도시환경과 건축, 그리고 동양과 서양의 공생을 표현한 건축물이다.

건축물과 함께 라데팡스지구정비공사는 문화적 역동성을 부여하기 위해 기업들의 기부금, 문화부의 지원을 통해 유명 조각가들의 작품을 설치해 라데팡스를 야외 조각 전시장으로 만들었다. 최첨단 고층 빌딩이 늘어서 있는 거리에는 칼더, 미로, 세자르, 타키스 같은 현대미술가들의 야외 조각들이 있어 지루하지 않다. 모든 자동차가 라데팡스 광장의 지하로 지나가지만 관광객의 편의를 위해 소형 관광버스만은 지상으로 다닐 수 있게 했다. 라데팡스는 미학과 기능이 조화된 도시라는 평가와 더불어 매년 수백만 명의 관광객이 다니는 곳으로 변신했다.

세계 최대 창업 공간 조성, 도시 역동성 더해

파리의 도시 개조는 최근까지 이어지고 있다. 대규모 창업 공간을 조성해 도시 경제의 역동성을 불러일으키려는 시도다. 세계 최대 규모 스타트업 인큐베이터인 스테이션F가 대표적이다. 스테이션F는 파리13구 센강 근처에 3만4000㎡ 규모로 지어졌다. 이는 여의도공원의 15배에 달한다. 2013년 스타트업 네트워크 프로젝트로 시작해 3년에 이르는 공사 끝에 2017년 6월 개관했다. 건물은 1920년대에 프랑스 엔지니어 외젠 프레시네가 디자인한 역사적 건물을 프랑스 건축가 장미셸 윌모트가 개조해 만들었다.

프랑스 기업가이면서 프랑스 통신사 프리의 창업자이자 최고경영자(CEO)로 알려진 그자비에 니엘이 사비 2억5000만유로를 투자해 스테이션F를 완성했다. 그는 스테이션F 소개 자료에서 "스타트업이 기업가정신에 좀 더 다가갈 수 있게 하기 위해 스테이션F를 지었다"며 "분열된 스타트업 생태계를 하나로 뭉치고 일관된 경험을 제공하길 원했다"고 스테이션F에 대한 투자 의의를 밝혔다.

파리 스테이션F

스테이션F 내부

이곳에서는 창업 희망자가 자신의 프로젝트를 토대로 스타트업을 세우고, 이를 글로벌 기업으로 성장시키는 데 도움이 될 수 있도록 다양한 공간과 프로그램을 제공한다. 스테이션F는 업무에서부터 휴식까지 한 공간에서 이뤄질 수 있도록 한 것이 특징이다.

업무에 필요한 이벤트 및 미팅 공간, 사무실 등을 제공하는 '셰어존'에는 스타트업들이 사용할 수 있는 3D프린터와 레이저 커터, 작업장 등이 있다. 공동 업무 공간인 '안티카페'와 우체국은 일반인도 자유롭게 이용할 수 있다. 스테이션F의 중추 공간인 '크리에이트존'에는 작업 공간이 3000개 이상 있고, 20개 이상의 글로벌 단위 스타트업 프로그램이 진행된다. '칠존'은 휴식을 취하거나 식사를 하는 곳이다. 카페테리아로는 프랑스에서 가장 성장이 빠른 레스토랑 '빅마마'가 들어와 있다. 이곳 식당은 일반인들도 휴일과 관계없이 24시간 내내 이용할 수 있다.

세계적인 기업들이 제공하는 스타트업 프로그램도 이곳에서 만나 볼 수 있다. 마이크로소프트는 인공지능 스타트업을 위한 프로그램을 지원하고, 네이버·라인은 '스페이스 그린'이라

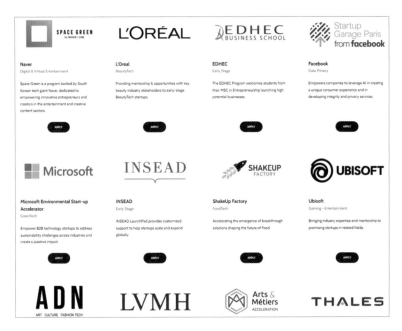

파리 스테이션F 스타트업 지원 프로그램

는 증강 콘텐츠에 초점을 맞춘 스타트업 프로그램을 운영한다.

스테이션F에는 초기 스타트업을 위한 프로그램도 마련돼 있다. 선발된 창업자는 월 195유로로 스테이션F의 공간을 빌릴 수 있고, 제공되는 모든 것을 사용할 수 있다. 100곳 이상의 스타트업이 선발되는데, 21개국 100개 기업이 선발위원회로 참여한다. '모든 기회가 동등하게 만들어지는 것은 아니다'라는 철학을 바탕으로 출신, 학력 등 편견을 줄 수 있는 요소들을 배제하고 선발한다. 이외에도 '펠로십' 프로그램을 통해서는 소속 국가나 단계에 상관없이 연간 900유로를 내고 스테이션F를 이용할 수 있다.

스테이션F의 중심에는 '라 프렌치 테크'가 있다. 2013년 프랑스 정부가 출범한 스타트업 네트워크 프로젝트다. 창업가와 엔지니어, 디자이너, 투자자, 프랑스 공공투자은행 등 다양한 이해관계자들의 생태계다. 프랑스는

숫자로 보는 스테이션F

34000㎡ 규모 (약 1만285평)	**310m** 길이	**58m** 너비	**8** 이벤트 공간
26 스타트업 프로그램	**3000** 업무 공간 개수	**4** 식당 수	**2** 카페와 바 수
2억5천만유로 투자액	**1000** 스타트업 수	**1** 메이커 공간	**370명** 수용 가능한 강당

라 프렌치 테크를 통해 프랑스를 미국을 잇는 차세대 정보기술(IT) 강국으로 키우겠다는 의지를 보이고 있다.

경제혁신 공간이 조성되자 글로벌 자금도 몰려들고 있다. 2022년 4월 세계 최대 가상화폐거래소인 바이낸스가 파리 소재의 세계 최대 스타트업 요람에 대규모 투자를 단행했다. 투자금만 1억유로(약 1330억원)에 달한다. 바이낸스는 스테이션F에 자리 잡은 웹3, 블록체인 스타트업을 지원하는 프로젝트도 진행할 예정이다.

김현수 교수는 "파리의 스테이션F와 뉴욕 맨해튼에 둥지를 튼 코넬테크처럼 세계 각국은 세계 최고의 기술혁신 허브를 도심에 구축하고 있다"며 "4차 산업혁명이 진행되면서 산업에서 업종 간 구분이 사라지고 초연결이 이뤄지고 있으며, 공간에서도 초연결 현상이 나타나고 있다"고 말했다. 이어 그는 "서울의 도시 경쟁력을 회복하기 위해서도 미래 경제혁신 허브를 구축하는 것은 중요한 과제"라고 강조했다.

산업혁명의 녹슨 유산,
새로운 도시 상징으로 만든 런던

———

영국 런던 중심부에서 북쪽으로 15분 거리에 있는 킹스크로스역은 '해리포터역'으로도 불린다. 영화 속 주인공 해리 포터가 호그와트 마법학교로 가는 비밀의 문 촬영지가 이곳의 승강장이기 때문이다. 이곳은 19세기 빅토리아 시대 때부터 물류·운송의 중심지로서, 산업혁명의 상징성이 큰 역사적 장소이기도 하다.

하지만 산업혁명의 퇴진과 함께 킹스크로스역 주변은 급격한 쇠퇴를 거듭하며 1970~1980년대 최악의 낙후 지역으로 악명을 떨쳤다. 기존의 핵심 기능들이 쇠퇴하면서 사람들의 발길이 뜸해졌고, 버려진 건물들이 낡고 낙후되면서 저소득 인구가 밀집된 슬럼가 이미지가 굳어졌다. 19세기 이후 상업시설에도 거의 변화가 없었으며, 1980년대에는 런던 오피스 지구에서 임대료가 가장 낮은 지역이었다.

74만㎡에 달하는 킹스크로스 지역의 변천사는 흡사 용산역과 비슷하다. 20여 년 전까지 킹스크로스역의 드넓은 정비창 용지는 물류 기능을 상실해 수십 년간 공터로 방치됐다. 주변에 홍등가가 하나둘 생기기 시작했고, 일자리를 잃은 잡부와 공장 노동자들이 모인 빈민촌이 형성됐다.

사업 진행만 20여 년
장기적이고
유연한 접근으로 성공

1996년 고속철도로 유럽 대륙을 연결하는 세인트판크라스역에 런던&콘티넨털철도(LCR) 종착역이 들어서는 것이 확정되면서 킹스크로스에도 변화의 바람이 불기 시작했다. 2001년에 킹스크로스 개발을 위한 파트너십이 체결됐으며, 전체 지분 중 50%를 보유한 민간 디벨로퍼 아젠트(Argent)와 런던&콘티넨털철도(36.5%), 13.5% 지분을 가진 물류회사 DHL로 구성된 KCCLP(King's Cross Central Limited Partnership)가 주체가 돼 개발 사업이 추진됐다. 이후 중앙정부·지방정부·민간 디벨로퍼·시민 등이 350여 차례 회의를 통해 마스터 플랜을 수립

하고 2006년 마침내 최종 승인을 받아 2007년부터 건설이 시작됐다.

킹스크로스 프로젝트는 총면적 27만 ㎡ 규모 용지에서 대규모로 진행되는, 유럽 최대 역세권 개발 사업이다. 사업비만 30억파운드(약 4조4000억원) 규모에 달하는 초대형 도심재생 프로젝트다. 전체 용지 중 56%는 오피스, 24%는 주거, 11%는 리테일, 나머지 9%는 문화·교육·레저·호텔 등으로 채워진다. 2022년 완공을 목표로 하는 킹스크로스 도시재생 사업은 일부 상업 건물을 제외하고 대부분은 완료됐다.

킹스크로스역은 런던과 영국 북부 지방을 연결하는 관문이다. 6개 지하철 노선과 런던 교외를 이어 주는 기차, 그리고 프랑스 파리, 벨기에 브뤼셀, 네덜란드 암스테르담 등 유럽 대륙과

런던 킹스크로스역 인근 루이 큐빗 공원

연결하는 유로스타가 출발하는 유럽 최대의 교통 허브다.

킹스크로스 재생 프로젝트는 3단계로 진행되고 있다. 역사와 인근을 정비하는 1단계와 유동 인구 형성을 위한 주변 상권 활성화와 기업·기관 유치를 진행하는 2단계, 그리고 배후지의 주거시설 보완과 녹지 환경 조성이 3단계다. 정부와 민간이 힘을 합쳐 20년째 진행 중인 역세권 재생 사업의 열쇠는 '유동 인구 창출'이다.

3만명이 넘는 일자리를 창출하는 것을 목표로 한 킹스크로스는 기업, 대학, 언론사 등을 유치하기 위해 파격적인 조건을 내세워 성공적으로 일자리 창출 모델을 만들어 냈다. 대표적으로 세계 최대 인터넷 기업 구글의 유럽 본사를 유치했다. 영국 최고 예술대학인 런던예술대학교(UAL) 센트럴 세인트 마틴스 캠퍼스를 이곳으로 옮겨오는 데도 성공했다.

런던 중심부에 있던 글로벌 기업과 유

명 대학이 들어오자 수많은 젊은 인재가 자연스럽게 이곳으로 몰려들었다. 이들은 킹스크로스에 예술학도의 창의적이고 혁신적인 아이디어와 영감을 주입시키고 있다. 도시가 새롭게 숨 쉬는 것이다. 그 외에도 BNP파리바, 가디언 등 유수의 기업과 언론사들이 이곳에 둥지를 틀며 역세권을 활력이 넘치는 도심으로 재탄생시켰다. 김정후 런던시티대 도시건축정책연구소장은 "킹스크로스가 마천루만 짓고 끝냈다면 지금처럼 성공한 재생 사업이 되지 못했을 것"이라며 "UAL을 유치해 독특한 상생모델을 구축하면서 도심의 새로운 혁신과 창조의 중심이 된 것"이라고 평가했다.

킹스크로스 역세권 재생 사업의 또 다른 성공 비결은 민과 관이 협력과 균형을 이뤄 냈다는 것이다. 개발 사업체인 아젠트와 토지 소유권을 가진 런던&콘티넨털철도, DHL 등이 합작법인을 만들어 함께 개발에 나섰다. 정부는 2007년 토지를 매각해 개발에 힘을 실어주면서도 공공성을 가지면서 친환경 개발이 이뤄지도록 견제했다. 또 신축 건물 50개와 신규 주택 2000가구를 공급하면서 20개의 크고 작은 거리와 10곳의 공공 공원을 곳곳에 설치하기로 계획했다.

개발 사업체 아젠트는 구체적인 계획을 수립하기에 앞서 이해 당사자들 의견을 수렴하는 절차를 철저하게 거쳤다. 토지 소유주와 관할 구청, 지역 정치인, 인근 상인들이 이에 해당됐다. 아젠트는 당사자 모두가 합의할 수 있는 비전과 원칙을 만들고, 이들과 함께 마스터 플랜을 계획했다.

당시 마스터 플랜은 △전체 재생 지역의 40%는 공공 공간으로 할당 △2000여 가구 주택 건설 가운데 42%는 저렴한 임대주택으로 제공 △오피스 건물 50개 △20개 문화·산업유산 건물 보존 △인도와 차도 20개 △10개 공공 광장과 공원 조성 등 원칙을 포함했다. 아울러 이들은 마스터 플랜을 100% 수립하지 않고 20%의 유연성을 남겨뒀다. 20년이라는 긴 시간 동안 상황이 변화할 가능성이 있는 만큼 이를 수정하고 재계획할 수 있도록 한 것이다.

구글 · 페이스북 몰려드는
경제혁신 허브로

최근 킹스크로스에는 정보기술 기업들이 하나둘씩 자리 잡으면서 경제의 역동성을 끌어올리고 있다. 구글 영국 본사인 '랜드스크래퍼(landscraper)'가 대표적이다. 구글은 2013년 10억파운드를 투입해 추진하는 새 영국 본사 건립 계획을 발표했으며, 2018년에 착공했다. 구글 영국 본사는 11층짜리 빌딩이지만 길이는 약 329m로 런던 최고층 빌딩인 '더샤드(The Shard, 약 301m)'보다 높은 고층 빌딩이 누워 있는 것 같은 모습으로 설계됐다. 구글의 새 영국 본사에서는 약 7000명의 임직원이 근무할 예정이라 킹스크로스 일대 모습을 크게 바꿀 것으로 예상된다.

페이스북도 2018년에 킹스크로스 주변 3개 건물에 걸쳐 5만7000㎡ 규모 사무실을 계약하고, 약 6000명이 근무할 수 있는 공간을 마련한 바 있다. 삼성전자도 2019년에 킹스크로스에 쇼케이스 공간 '삼성 킹스크로스'를 선보였다. 2014년 런던에서 스마트폰 플래그십 매장을 철수한 지 5년 만에 유럽

시장을 공략하기 위한 전초기지를 다시 마련한 것이다. 미국 뉴욕, 독일 프랑크푸르트, 프랑스 파리, 베트남 호찌민, 일본 도쿄 등에 이은 6번째 글로벌 브랜드 전시관이다.

젊은 디자이너와 아티스트도 이곳에 둥지를 틀었다. 톰 딕슨도 킹스크로스로 본사를 옮겼으며, 폴 스미스, 마가렛 호웰 등 영국을 대표하는 인테리어 · 패션 · 디자인 업체들도 킹스크로스에 자리를 잡았다. 루이비통과 같은 럭셔리 브랜드와 세계 3대 레코드 회사 중 한 곳인 유니버설뮤직도 킹스크로스로 들어왔다.

킹스크로스는 단순히 낙후된 환경을 개선한 것이 아니라 혁신 기업을 위한 인프라스트럭처와 함께 주거 · 문화 · 교통 등을 복합적으로 담아냈다는 평가를 받는다. 사무실 인근에 근로자를 위한 주택을 지어 저렴하게 임대하고, 매일 10회 이상 전시, 공연 등 문화 행사를 연다. 보행자 중심의 도로를 만들기 위해 노력했고, 공원, 광장도 10곳 이상이다. 이는 젊은 인재를 끌어들이는 조건이 됐으며, 일하기 좋은 환경을 따라 기업들이 둥지를 틀었다. 즉, 스타트업 등 '혁신 인프라스

런던 킹스크로스역에 둥지를 튼 삼성전자

트럭처'와 혁신의 주체인 '사람'을 중심으로 쇠퇴한 도심 기능을 회복시킨 것이다.

'스킵가든(Skip Garden)'이 대표적인 사례다. 스킵가든은 도시 워크숍과 커뮤니티 키친·아트 등을 통해 시민의 참여를 유도하는 재생 공간이자 프로그램이다. 장기 프로젝트인 만큼 지역 주민들과 단절되지 않고 지속적으로 진화하는 모습을 보여주겠다는 의도에서 만들어진 스킵가든은 킹스크로스 프로젝트와 커뮤니티 간 연결고리 역할을 하는 것으로 평가된다.

폐허 같았던 도클랜드도 국제적 상업도시로

킹스크로스역 일대보다 한발 앞서 개발된 도클랜드 역시 도시 경쟁력을 끌어올린 대표적인 재개발 사례로 꼽힌다. 런던 도심에서 동쪽으로 8㎞ 정도 떨어진 도클랜드는 1880년대 런던의 항구로 개발되면서 1960년까지 유럽에서 가장 번성한 상업 항구 중 하나였다. 1970년대 후반부터 시설 노후, 수송 형태 변화 등으로 지역경제가 급속하게 위축됐고, 결국 폐허처럼 방치됐다. 쓰레기가 쌓이고 부랑자가 모여드는 등 이 일대가 슬럼가로 변하는 데까지는 오랜 시간이 걸리지 않았다. 1981년 런던도클랜드개발공사(LDDC)가 설립되면서 신도시 개발의 물꼬를 텄다. 정부 주도의 대규모 용도 변환을 통해 도시의 기능을 회복하고, 인접 도심부의 업무시설 공급 부족과 주택난을 해결하는 국제업무지구로의 전환이 추진된 것이다.

정부는 정부 보조와 토지 분양으로 조성된 17억파운드 중 상당 부분을 경전철, 도로 등 교통시설에 집중 투입했다. 경전철을 이용해 곧바로 도심으로 진입이 가능하고, 지하철을 갈아타면 런던 시내 어디로든 쉽게 갈 수 있도록 한 것이다. 1987년에는 기업 활동을 지원하기 위해 국내 노선은 물론 15개 유럽 지역 노선이 취항하는 공항(런던시티공항)까지 만들었다.

교통망은 대규모 민자 유치가 어려움 없이 이뤄질 수 있도록 하기 위한 방안이었다. 실제 1981년 이후 신도시 개발비 80억파운드 중 80%에 가까운 63억파운드를 민간 자본을 통해 확보했고, 정부는 각종 민자 유인책을 제시하며 기업의 발길을 끌었다. 민자 유치 방식이 정부 재원의 한계를 극복하면서 도클랜드를 단시간 내에 국제적인 상업도시로 거듭나게 할 수 있는 가장 유력한 방안인 것으로 판단했기 때문이다.

런던 도클랜드

런던 금융시장의 부활을 알리는 새로운 명물,
커네리워프를 포함한 도클랜드의 재개발

중심 업무와 상업지역으로 설정된 커네리워프 일대 193㏊를 투자 지역으로 지정하며 각종 혜택을 제시했다. 토지를 매입해 빌딩을 건설할 경우 건축 관련 세금을 감면해 건축 비용을 절감해 주고, 까다로운 건축 허가 절차도 간소화해 쉽게 건축물을 지을 수 있는 환경을 만들었다. 여기에 더해 법인을 세워 기업 활동을 할 경우 10년간 지방세를 면제하는 우대 조치도 내놨다.

1981년 이후 지금까지 영국 국내외 기업 1400곳이 도클랜드로 이전해 왔다. 일자리 수도 1981년 2만7200개에서 현재 7만여 개로 증가했다. 네덜란드와 덴마크 관련 업체까지 나서 주택 건설에 집중적으로 참여했고, 기업들의 진출 확대를 통해 일자리가 늘어나고 재정을 확충함으로써 도시의 자족 기능도 활성화됐다는 평가를 받는다.

'도시 재생' 도쿄,
日경제 전초기지

2002년 당시 일본 경제는 악화 일로를 걷고 있었다. 그나마 플러스 성장을 해 오던 일본의 국내총생산(GDP) 성장률이 1998년 -1.1%를 기록했다. 2000년 2%대로 반짝 회복세를 보였지만 2002년 0.1%까지 떨어져 다시 역성장할 위기에 놓였다.

당시 고이즈미 준이치로 총리는 일본 경제를 살릴 방안으로 '도시재생'이라는 카드를 꺼내 들었다. 도시의 모습을 바꿔 돈이 돌게 하자는 취지였다. 이후 거짓말처럼 일본 경제는 회복세를 보였다. 2003년 1.5%, 2004년 2.2%의 성장률을 이끌어 냈다. 10년 사이에 가장 드라마틱한 성장이었다.

그러나 미국발 글로벌 금융위기 앞에 일본은 또 한 번 위기에 처했다. 2007년 말부터 불어닥친 세계 경제 한파에 일본의 국내총생산 성장률이 -5.4%를 기록할 정도였다. 거기에 더해 2011년에는 동일본 대지진이 일어났다. 역성장이 계속됐다. 플러스 성장은 요원해 보였다.

이때 등판한 사람이 아베 신조 전 총리다. 아베 전 총리는 10년 전 도시재생 카드를 다시 한 번 꺼냈다. 도쿄 대개조를 목표로 한 대대적인 개발 프로젝트가 시작됐다. 도쿄와 수도권인 가나가와현, 지바현 지바시를 국가전략특구로 정했고 개발에 '올인'했다. 규제를 확 풀었고 민간의 힘을 끌어들였다. 도쿄 젊음의 거리로 유명한 시부야 개발 프로젝트도 가동됐다.

추락 위기 日 경제
끌어올린 도시재생

도쿄는 2번의 도시재생을 전환점으로 환골탈태했다. 도쿄를 찾는 외국인 관광객 숫자가 늘어났다. 관광이 아닌 비즈니스로 도쿄를 찾는 외국인과 기업 수 역시 증가했다. 거점을 잡고 있을 만한 업무지구가 폭발적으로 늘었기 때문이다.

아베 정권의 경제 활성화 전략인 '아베노믹스'의 핵심은 대규모 양적 완화와 내수 살리기였다. 이 중 내수 활성화는 '도쿄 대개조'를 목표로 한 대대적인 개발 프로젝트가 중심을 이뤘다. 이를 위해 도쿄, 가나가와현, 지바현 지바시를 국가전략특구로 지정하고 규제도 풀었다.

아베노믹스는 곧바로 효과를 나타내 2011년 −0.1%, 2012년 1.5%였던 일본 국내총생산 성장률이 2013년에는 2%로 돌아섰다. 양적 완화를 통한 엔저가 가장 큰 힘이었다고 평가하지만 속내를 들여다보면 대규모 개발 사업의 성과도 만만치 않다.

일본 내각부가 산출한 산업별 국내총생산 기여도를 보면 제조업은 2011년에 19.8%였지만 2013년에는 19.6%로 오히려 줄었다. 반면 건설업은 같은 기간 4.9%에서 5.4%로 높아졌고, 2015년에는 5.6%까지 올랐다. 대대적인 도시재생 사업에 투입된 건설 산업이 장기 디플레이션 탈출과 센카쿠 열도와 관련한 중국의 보복 등 대외 악재를 극복하는 첨병 역할을 했음을 부인하기 어렵다.

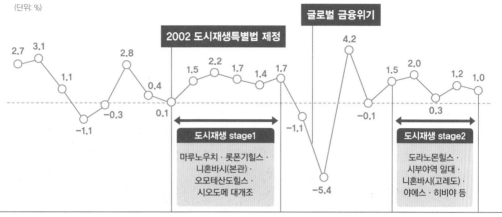

일본 GDP 성장률과 도시재생 사업

(단위: %)

2002 도시재생특별법 제정

글로벌 금융위기

2.7 3.1 1.1 -1.1 -0.3 2.8 0.4 0.1 1.5 2.2 1.7 1.4 1.7 -1.1 -5.4 4.2 -0.1 1.5 2.0 0.3 1.2 1.0

도시재생 stage1
마루노우치 · 롯폰기힐스 ·
니혼바시(본관) ·
오모테산도힐스 ·
시오도메 대개조

도시재생 stage2
도라노몬힐스 ·
시부야역 일대 ·
니혼바시(고레도) ·
야에스 · 히비야 등

1995년 1996년 1998년 2000년 2002년 2007년 2009년 2010년 2012년 2016년

전통 건물 위에 고층빌딩, 과거-현대 공존 묘수 찾은 日

도쿄역은 구청사와 신청사가 겉에선 보이지 않게 연결돼 있다. 마루노우치 쪽에서 기차를 타려면 서울역과 똑 닮은 고풍스러운 구청사로 들어간다. 과거의 상징성을 살린 것이다. 구청사에 유동 인구가 없어 황폐하게 버려지는 일은 없다. 상층부는 고급 호텔로 쓴다. 옛 건물의 외관을 보존하면서 고층부를 올려 수익 확보의 길을 터준 것이다.

도쿄역을 나와 마루노우치 마천루 사이를 걷다 보면 고풍스러운 황토 빛 건물을 만나게 된다. 1920년 준공된 일본 공업구락부회관이다. 이곳은 근대 일본 산업을 일으킨 주역들의 사교 클럽이었다. 대공황, 전쟁, 패전 등을 거친 후 일본 경제의 부흥을 이끈 무대로, 일본 역사에서 의미 있는 장소다.

일본 건축의 근대 양식을 감상하며 고개를 들면 유리 벽면의 미쓰비시UFJ 신탁은행 본사가 보인다. 구락부회관을 반쯤 덮은 형태로 초현대식 고층빌딩이 올라가 있다. 미쓰비시지쇼가 재개발하면서 저층부에 구락부회관

전통과 현재를 잘 조화시켰다는 평가를 받는 도쿄역과 도심부 일대

건물 남쪽 원형을 그대로 복원하고, 그 대신 용적률 확대를 허용 받아 초고층으로 올렸다.

이처럼 도쿄의 도시재생 프로젝트는 과거 유산을 보존하면서도 현재 쓰임새를 잘 배려한 흔적이 곳곳에서 포착된다. 초고층 대형 빌딩을 짓지만 그 속에서 재생의 가치를 놓치지 않는다. 고층부는 오피스로 쓰더라도 저층부는 시민 누구나 이용할 수 있는 공간으로 만들고, 빌딩 사이사이에 녹지를 확보하고 공원화해 걷고 싶은 도심을 만드는 것이 핵심이다.

도쿄 도심부 개발의 또 다른 핵심은 연결성이다. 마루노우치는 대표적인 업무지구로 광화문과 같은 역할을 수행하지만 이 기능을 혼자 도맡지 않는다. 마루노우치에서 야마노테선 철도 건너편으로 가면 과거에 상업 중심지였던 니혼바시가 나온다. 차로 10분 거리지만 걸어서도 접근 가능하다. 이곳은 미쓰이은행으로 유명한 디벨로퍼 미쓰이가 개발을 전담하고 있다. 마루노우치나 니혼바시 둘 중 하나에만 머무르지 않고 좀 더 여러 곳으로 관광객이나 쇼핑객의 발길이 이어질

저층부 우체국 건물 외관을 보존하면서 고층부를 올려 수익 확보를 추구한 도쿄역 앞 일본 중앙우체국

수 있도록 설계한 것이다. 디자인 역시 에도 시대를 그대로 살렸다.

실제 마루노우치에 조성된 보행 중심의 '나카도리'를 걷다 보면 주변 고층 빌딩 어디로든 바로 들어가서 식사하거나 사람을 만나고, 술을 한잔 기울이고, 쇼핑을 할 수 있게 해 놨다. 기본적으로는 보행자 위주로 길이 조성돼 있지만, 차를 가지고 와도 된다. 이 지역은 하나로 연결된다는 콘셉트하에서 주차장을 모두 통합 관리한다. 예를 들어 미쓰비시 1호 미술관에 방문하기 위해 이곳을 찾은 사람이 마루노우치 빌딩 인근에 주차해도 상관없다. 주차비 정산이나 운영이 통합 관리되기 때문이다. 하나로 연결된 도심이라는 의미에 충실한 운영 지침이다.

民이 개발 맡고, 官은 과감히 규제 풀어

도쿄의 도시재생은 기업만 배 불리지 않았다. 우리와 마찬가지로 부동산을 담보로 대출을 받아야 했던 서민들은 도시개발로 부동산 가격이 상승하자

숨통이 트였다. 돈이 돌기 시작하자 소비 활성화로 연결됐다. 특정 지역 한두 곳이 아닌 도쿄 전역에서 동시다발로 개발이 이뤄진 만큼 도쿄 내 개발 불균형 등 문제나 불만도 적었다.

일본 정부의 핵심 전략은 민간의 힘을 빌렸다는 것이다. '어번디자인센터(UDC)'를 만들어 학계와 연계한 도시재생을 주도하고 있는 데구치 아쓰시 도쿄대 교수는 "일본의 도시재생, 경제 발전을 주도한 섯은 자기 땅을 가진 미쓰비시, 미쓰이, 모리 등 대형 부동산 디벨로퍼였다"며 "이들이 개발에 나서면서 소극적이던 관이 움직이기 시작했고, 학교도 뛰어들었으며 소규모 디벨로퍼까지 나서 프로젝트가 동시다발적으로 가동될 수 있었다"고 설명했다. 그는 "도쿄도와 같은 '관(官)'이 주도하는 도시개발, 도시재생 개념은 더 이상 유효하지 않다는 걸 보여준 것"이라고 강조했다.

도시의 심장, 즉 중심부라고 할 수 있는 곳은 일반 주거지나 외곽지와 달리 파격적인 수준의 혜택을 주고 규제를 완화한 것도 중요한 전략 중 하나였다. 도심은 역사문화 유적들이 몰려 있는 경우가 많아 개발과 보존 사이에서 이슈가 제기되지만 도쿄는 이를 현명하게 해결했다.

일본은 지진이 잦은 환경이어서 내진 기술이 발전하기 전까지 건물 최고 높이가 33m였다. 야스이 준이치 전 도쿄도 재생국장은 "옛 건물을 보존하면서 새로운 도시의 얼굴을 만들기 위해 저층부 높이는 33m로 일정하게 맞춰 기존 건물 형태나 의미를 보존하고, 복원하면서 그 위에 고층부 건물을 올리는 방안을 마련했다"고 설명했다.

그 결과 2차 세계대전 당시 폭격을 맞은 후 다시 지은 도쿄역과 왕궁을 끼고 있는 마루노우치 일대는 높이 200m의 고층 빌딩이 즐비한 곳으로 바뀌었다. 보행자의 눈높이에 있는 33m 이하 저층부는 보존해 시민에게 돌려주면서도 개발 이익을 극대화할 수 있는 공간을 확보하는 방식 덕분이었다.

마루노우치와 인접해 있는 니혼바시, 그리고 모리빌딩이 개발한 롯폰기힐스 등 대표 업무지구는 과거에도 도쿄의 중심이었지만, 기타 도시들의 오피스 지역이 그렇듯 주말과 휴일엔 썰렁했다. 그러나 이 일대 고층 빌딩들이 저층부를 과감하게 시민과 관광객들에게 내주고 개방하면서 상황은 달라

일본 도쿄 마루노우치 전경

졌다.

가령 '고레도무로마치'라는 고층 복합 빌딩을 개발하면서 저층부는 기존에 있던 노포를 세련되게 재해석해 들여 놨다. 젊은 사람들이 가장 좋아하는 곳 중 하나로 꼽히는 '다시바'는 말 그 대로 다시마로 우려낸 국물 요리를 파 는 곳이다. 일견 촌스러워 보일 수 있 는 이 아이템은 세련된 옷을 입고 인 근 고급 오피스 빌딩에서 근무하는 사 람들이 '벤또(도시락)'와 함께 즐기는

대표 상품으로 자리 잡았다.

용적률에 대한 유연한 접근 방식도 주 목할 만하다. 일본에서 원칙을 지키면 서도 효과적이고 체계적으로 고층 빌 딩을 지을 수 있는 원동력이 됐기 때 문이다. 특히 파격적인 용적률 혜택 을 준 도쿄도의 노력이 돋보인다. 통 상 800~1000%인 용적률이 공공기여 를 통해 1300%까지 올라간 사례가 많 고, 일각에선 2000%까지도 가능하다 는 주장이 나온다. 데구치 교수는 "기

노포 에비야미술점 건물이 남아 있는 니혼바시 고레도무로마치 건물

본 1000%에서 현재 여러 공공기여를 통해 1300%까지 확보한 곳이 많은데, 필요하다면 이를 1800~2000%까지도 줘야 한다"고 강조했다.

우리나라에도 있는 '기부채납'에 대해서도 일본은 유연성을 중시했다. 그 범위를 사회에 기여할 수 있는 모든 것으로 넓게 본 것이다. 시부야역 인근 히카리에 빌딩의 경우 극장인 '오브', 지역 주민을 위한 대규모 이벤트홀, 청년 예술가를 양성하기 위한 '크리에이티브 스페이스' 등을 포함시켰다. 모두 용적률을 올리는 기부채납으로 인정 받았다.

도쿄도 관계자는 "일본의 전통 예술인 가부키를 보여줄 수 있는 극장이나 공간을 만든다거나, 국제 비즈니스 기능을 건물에 도입한다거나, 지진에 강한 내진 설계를 한다거나, 광장을 만드는 것 등 모든 게 용적률을 높일 수 있는 공공기여"라고 말했다.

세계는 앞으로 뛰는데
서울은 뒷걸음질

―――

일본의 대표 부동산 디벨로퍼인 모리빌딩 산하 모리기념재단은 매년 글로벌파워도시지수(GPCI)를 발표한다. 영향력 있는 전 세계 메가시티 42곳의 순위와 함께 그 도시의 이미지를 비롯해 강점과 약점 등을 종합 분석하는 연례 보고서다.

경제, 연구·개발(R&D), 문화 교류, 거주적합성, 생태 환경, 교통 및 접근성이라는 6가지 지표를 총 70개의 세부적인 조건으로 쪼개 분석하고 이를 수치화해 내놓는 이 자료는 그 의미가 작지 않다. 그동안 도쿄에서 성공적으로 도시개발을 해 온 모리빌딩이 60년에 가까운 업력을 바탕으로 '좋은 도시'에 대한 기준을 정한 것이기도 하고, 이제 국가 간 대결이 아닌 도시 간 대결이 훨씬 더 중요해졌다는 것을 보여주기 때문이다.

GPCI 개념도

글로벌 '톱10 도시' 위상 흔들

런던, 뉴욕, 도쿄, 파리, 싱가포르, 암스테르담, 베를린 등 도시가 상위권에 랭크돼 있는 가운데 서울은 어디쯤에 있을까. 2021년 기준 8위다. 아시아에선 도쿄나 싱가포르에 뒤져 있지만 상하이, 홍콩보다는 높다. 단순 랭킹만으로 따졌을 때 8위도 괜찮은 것 아니냐는 분석을 내놓는 사람이 많다. 하지만 서울의 도시 경쟁력은 지속적으로 하향 곡선을 그리며 위기감이 커지고 있다. 2012년만 해도 세계 6위권에 랭크됐던 서울의 경쟁력은 2019년 7위로 내려온 뒤 8위까지 추락했다. 글로벌 '톱10 도시' 자리도 안심할 수 없는 상황이다.

'경쟁력 있는 도시' 순위 상위권은 변동이 크지 않다. 그러나 최근 몇 년 새 달라졌다. 순위 싸움이 치열하다. 2008년 이후 계속 1위를 지켰던 미국 뉴욕이 2012년 런던에 자리를 내줬다. 도쿄는 2016년 4위에서 3위로 올라섰다. 왜 이런 결과가 나왔을까.

답은 도시에 있다. 먼저 런던을 보면 2012년 런던올림픽 개최를 계기로 곳곳에서 단행된 도시재생 사업이 살기 좋은 도시를 만들었다는 분석이다. '너무 비싼 가격' 때문에 거주적합성

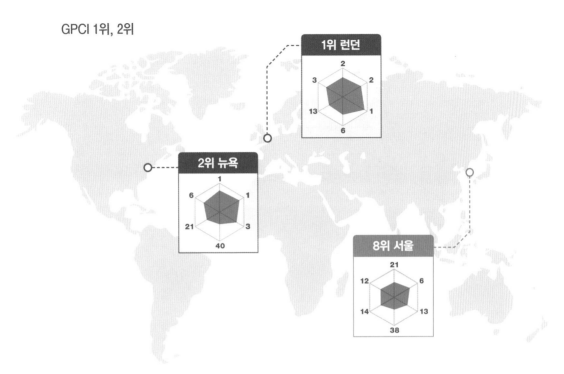

GPCI 1위, 2위

1위 런던

2위 뉴욕

8위 서울

부문에서 22위에 머무르고 있던 런던은 이 같은 약점을 보완하기 위해 접근성을 강화했다.

여행자들 사이에서 빡빡하기로 유명했던 히스로공항은 '유럽으로 통하는 첫 번째 관문' 역할을 수행하기 위해 국제 여객선 출항을 대폭 늘렸고, 공항의 체질을 완전히 개선해 최종 목적지로서의 역할과 중간 환승지로서의 역할을 다해 냈다고 평가 받는다. 올림픽에 맞춰 런던 동부 낙후 지역에서 진행된 대대적인 도시개발 사업 역시

플러스 요인이다.

도쿄가 상승세를 보이는 것 역시 도시 재생 사업에 힘입은 바가 크다. 특히 롯폰기힐스와 같은 지역개발은 외국 기업의 유입이라는 결과를 낳았고, 이 같은 국제업무지구는 계속 생겨나고 있다. 지나치게 비싼 택시요금 등으로 인해 접근성이 떨어진다는 평가는 아직 있지만, 단거리 택시요금을 낮추고 교통망을 더 확충하는 등 도쿄는 계속 발전하고 있다.

반면 서울의 도시 경쟁력은 심각한 수

GPCI 순위 변동

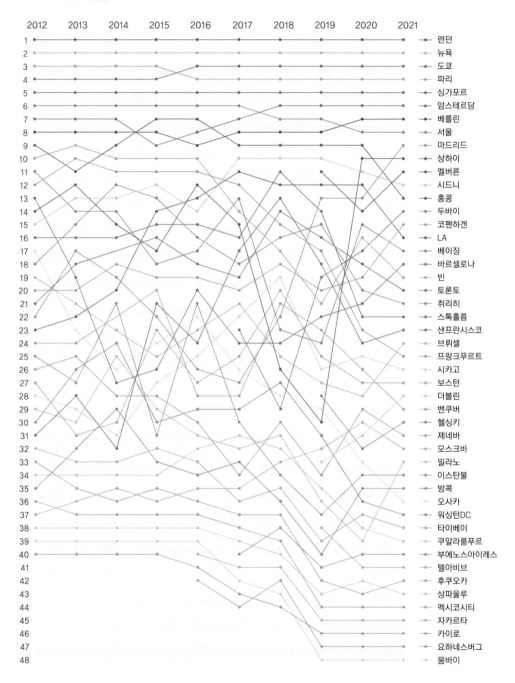

2012　2013　2014　2015　2016　2017　2018　2019　2020　2021

1 런던
2 뉴욕
3 도쿄
4 파리
5 싱가포르
6 암스테르담
7 베를린
8 서울
9 마드리드
10 상하이
11 멜버른
12 시드니
13 홍콩
14 두바이
15 코펜하겐
16 LA
17 베이징
18 바르셀로나
19 빈
20 토론토
21 취리히
22 스톡홀름
23 샌프란시스코
24 브뤼셀
25 프랑크푸르트
26 시카고
27 보스턴
28 더블린
29 밴쿠버
30 헬싱키
31 제네바
32 모스크바
33 밀라노
34 이스탄불
35 방콕
36 오사카
37 워싱턴DC
38 타이베이
39 쿠알라룸푸르
40 부에노스아이레스
41 텔아비브
42 후쿠오카
43 상파울루
44 멕시코시티
45 자카르타
46 카이로
47 요하네스버그
48 뭄바이

GPCI 부문별 도시 순위

	경제		연구 · 개발		문화 교류		거주적합성		환경		접근성	
1위	뉴욕	365.4	뉴욕	216.9	런던	378.5	마드리드	370.1	스톡홀름	227.7	상하이	256.1
2위	런던	326.6	런던	186.5	파리	252.3	파리	368.1	코펜하겐	220.9	파리	220.4
3위	베이징	303.2	LA	158.7	뉴욕	247.5	바르셀로나	363.5	시드니	209.9	런던	220.2
4위	도쿄	280.6	도쿄	156.1	도쿄	240.7	베를린	358.2	멜버른	205.0	암스테르담	219.3
5위	홍콩	279.2	보스턴	137.0	두바이	222.7	암스테르담	356.2	빈	203.6	도쿄	214.2
6위	취리히	278.1	서울	134.5	싱가포르	182.7	런던	354.8	헬싱키	200.7	뉴욕	208.8
7위	싱가포르	277.2	샌프란시스코	116.8	방콕	180.3	밀라노	353.9	베를린	200.3	프랑크푸르트	200.8
8위	샌프란시스코	272.5	시카고	111.1	모스크바	175.3	부에노스아이레스	352.6	취리히	199.0	싱가포르	188.6
9위	더블린	271.2	파리	101.9	이스탄불	174.4	도쿄	349.2	제네바	193.6	두바이	187.1
10위	상하이	264.7	홍콩	100.6	베를린	173.2	토론토	348.4	밴쿠버	190.6	시카고	183.5

준이다. 세부 지표별로 살펴봐도 리스크가 크다. 5위 안에 드는 항목이 단 1개도 없다. 경제 지표 21위, 접근성 12위, 문화 교류 13위, 거주적합성 38위, 환경 14위라는 낮은 성적표를 받았다. 그나마 새로운 정부가 들어설 때마다 강조하는 연구 · 개발이 6위를 차지해 체면치레는 했다.

미래 성장동력 확보도 요원

서울의 경쟁력 하락을 진단하는 글로벌 보고서는 이뿐만이 아니다. AT커니에 따르면 2015년까지만 해도 서울의 위상은 세계 주요 도시와 어깨를 나란히 했다. 서울은 기업 활동과 인적자본 등으로 도시 경쟁력을 측정하는 글로벌도시지수(GCI)에서 11위, 미래 성장력을 평가하는 글로벌도시전망(GCO)에서는 10위를 기록했다. 당시 도시 경쟁력에서는 베를린과 시드니, 토론토보다 앞섰고, 미래 성장력 기준으로는 도쿄, 파리 등 세계 핵심 도시들보다 순위가 높았다.

하지만 AT커니 조사에서도 수도 서울은 빠르게 뒤로 밀려나고 있다. 인프라스트럭처 개선과 해외 직접 투자 유치 확대를 추진한 아부다비의 경우 2015년 48위에서 지난해 4위로 미래 성장력 순위를 끌어올렸고, 도쿄는 도심 대개조 성과를 앞세워 미래 성장력 순위에서 서울을 추월했다. AT커니에 따르면 서울은 도시 경쟁력이 2015년 11위에서 2021년 17위로 6계단이나 떨어지고, 미래 성장력은 같은 기간 10위에서 31위까지 곤두박질쳤다. 아시아에서도 도쿄, 싱가포르는 물론 아부다비, 베이징, 타이베이 등에 모두 뒤처진 상태다.

서울의 경쟁력이 하락한 이유 가운데 하나가 도심 한복판인 용산의 개발 부진이라는 분석이 나온다. 4차 산업혁명이 가져오는 기술혁신으로 국가의 성장동력이 도심으로, 대도시의 중심지로 몰려오고 있지만 서울의 중심지는 사실상 10년 이상 방치됐기 때문이다. 국민보고대회팀이 자문한 도시계획 전문가들은 중심부를 버려둔 채 성공

추락하는 서울의 도시 경쟁력

GCI 상위 도시 *AT커니, 150개 도시 대상(2021년)

	도시	2015년
1위	뉴욕	1위
2위	런던	2위
3위	파리	3위
4위	도쿄	4위
5위	LA	6위
⋮		
17위	서울	11위

6단계 하락

도시의 성장 가능성을 전망하는 서울의 성장지수

10위 (2015년)

31위 (2021년)

한 도시는 없다고 입을 모은다. 김현수 교수는 "미국 맨해튼의 허드슨야드, 영국 런던의 킹스크로스역과 같은 프로젝트들은 국가 경쟁력을 끌어올리는 중심축 역할을 한다"며 "용산을 이대로 방치하면 국가 경쟁력을 끌어올리는 것은 사실상 불가능하다"고 평가했다.

서울 한복판인 용산에는 200m를 넘는 초고층 건물이 전무하다. 층수(50층

용산에 있는 유일한 초고층 건물 이촌동 래미안 첼리투스

이상)를 기준으로 해도 초고층 건물에 해당하는 것은 아파트인 이촌동 래미안 첼리투스 1곳에 불과하다. 김승배 협회장은 "서울에서 생산 활동이 가장 활발하게 일어나는 곳은 광화문과 여의도, 강남인데, 그 가운데에 있는 용산은 비어 있어 서울의 도심 구조가 심각하게 왜곡돼 있다"고 평가했다.

서울 경쟁력 추락은 예고된 참사

서울의 약점을 분석한 보고서를 보면 도시 경쟁력 추락은 예견돼 있었다. 아시아 국가 중 중국에 이어 가장 높은 인구당 교통사고 사망률, 지나치게 먼 공항과 도심 간 거리, 계속 높은 수준을 기록하고 있는 이산화탄소나 미세먼지 농도 등은 풀어야 할 과제다.

도시 경쟁력 후퇴와 함께 서울이 경제 역동성을 잃고 있다는 점도 문제점으로 꼽힌다. 지난 10년간 유니콘 기업을 배출한 도시 순위에서 서울은 10위에 그쳤다. 샌프란시스코는 물론 베이징, 싱가포르, 상파울루 같은 도시가 서울을 앞서 있다.

결국 도심 대개조를 통해 도시의 인프라스트럭처를 단단하게 만들고, 소프트웨어를 함께 강화해야 경쟁력 있는 도시가 된다는 분석이다. 일단 도심의 경우 도시의 '심장'인 만큼 '압축 개발'이 필요하다는 것이 전문가들의 공통된 의견이다.

타운매니지먼트 방식으로 빌딩 하나, 건물 하나가 아닌 구역 단위로 개발해 난개발을 막아야 한다는 점도 시사점이다. 난개발은 결국 일부 지역의 슬럼화를 초래하고, 도시에 이런 스폿이 여러 개 생기면 활력도는 물론 거주 적합성 등에서 점수를 깎아 먹을 수밖에 없다. 아직까지 한국은 제대로 된 타운매니지먼트가 시행된 사례가 없는데, 지금부터라도 시작해야 한다는 것이 전문가들의 조언이다.

이정형 중앙대 건축학부 교수는 "서울의 몇몇 핵심 지역은 기업이 땅이나 랜드마크와 같은 건물을 가지고 있는 만큼 이들의 힘과 기획력을 적극 활용할 필요가 있다"면서 "난개발을 막고, 아름다운 도시를 만들기 위해선 지금부터 타운매니지먼트를 시작해야 한다"고 말했다.

05

용산, 이렇게 바꾸자

5대 허브 전략
'클락(CLOCK)'

앞에서 언급했던 것처럼 용산 개발의 시계는 멈춘 상황이다. 2015년 한국은행 금리 인하와 정부의 경기 부양책이 맞물려 사업 재개 논의가 나오기도 했지만 2018년에 또다시 좌초됐다. 박원순 전 서울시장이 싱가포르를 방문한 자리에서 용산과 여의도 마스터 플랜을 발표하고 2021년에 착공할 계획이라고 했다가 주변 집값이 급등하면서 보류됐다.

하지만 최근 용산을 이대로 둘 수 없다는 움직임이 계속 나오고 있다. 2021년 오세훈 서울시장은 재보궐선거에서 용산국제업무지구 개발 추진을 공약으로 내걸었다. 윤석열 대통령이 집무실을 용산으로 옮기면서 일대 개발이 활성화될 수 있다는 기대감은 더 커지고 있다.

전문가들 사이에선 용산 개발이 이 같은 기회를 활용한답시고 '날치기'로 추진되다가 2013년의 전철을 밟는 게 아니냐는 우려가 나온다. 실제로 용산 개발은 큰 틀을 아우르는 마스터 플랜과 정교한 실행 계획이 뒷받침돼야 하는 거대한 프로젝트다. 우리는 국내 최대 도시계획 학술연구단체인 대한국토 · 도시계획학회에 자문해 용산 개발의 시계를 다시 돌리기 위한 5대 허브 전략인 '클락(CLOCK)'을 제시한다. 용산이 여러 도시 기능의 중심이 돼 서울, 나아가 한국의 중심이 돼야 한다는 생각을 담았다.

Capital
: 미래혁신 허브

서울 한복판에 위치한 용산은 행정 기능이 집중된 광화문 업무지구, 금융의 여의도 업무지구, 정보기술(IT)을 포함한 강남 업무지구 등 이른바 3도심의 중심축에 위치한다. 용산은 지리적인 측면에서부터 이들 3개 중심 업무지구를 연계하면서 서로 간의 영향을 가장 잘 융합할 수 있다는 가능성을 품고 있다. 이곳이 4차 산업혁명을 준비하는 미래혁신 산업의 인큐베이터가 돼 앞으로 한국 경제의 성장동력으로 자리매김해야 하는 이유다.

이 같은 의미에서 용산국제업무지구 개발 사업은 용산 전체 개발에서도 상당히 중요한 역할을 한다. 용산의 '얼굴'인 이곳을 대규모 업무지구와 명품 수변도시로 탈바꿈하는 작업이 성공해야 다른 개발 사업들도 추진동력을 얻을 수 있다.

10년 전에 발표된 용산국제업무지구 개발계획에는 트리플원을 포함해 23개 마천루 빌딩이 들어가 있었다. 전문가들은 완전히 똑같지는 않지만 당시 계획을 참조해 용산국제업무지구 용적률과 용도 규제를 과감하게 풀어 고층·고밀도로 설계된 '버티컬 시티'를 만들고 유연한 스카이라인을 허용해야 한다고 주장한다. 고도 제한과 난개발 때문에 스카이라인이 매우 부실하다는 인식이 있던 서울에도 외국 여러 도시에 건설된 기업형 마천루 단지를 들어서게 만들어야 하기 때문이다. 실제로 최근 10년 간의 글로벌 초고층 건축물 건립 현황은 서울이라는 도시가 얼마나 정체돼 있는지를 보여준다. 세계초고층도시 건축학회(CTBUH)를 통해 최근 10년 (2011~2021년)간 200m 이상의 초고층 건물 건립 현황을 파악한 결과 서울은 9개에 불과했다. 같은 기간 미국 뉴욕과 중국 상하이, 싱가포르 등 세계 주요 10개 도시가 초고층 건물을 20~40개 지어 올린 것을 감안하면 한참 떨어지는 수치다.

용산 정비창 일대는 중심상업지역으로 용도를 지정했을 때 '국토의 계획 및 이용에 관한 법률'이 허용한 용적률이 최대 1500%다. 전문가들은 용산국제업무지구의 개발 콘셉트를 잡을 때 뉴욕 허드슨야드 프로젝트를 눈여겨볼 필요가 있다고 조언한다. 허드슨야드만 해도 상업지역은 평균 용적률이 2000%를 넘고, 공공기부 시 용적률은 3300%까지 허용된다. 이곳에서만 다양한 인센티브를 통해 28조원 규모 투자가 이뤄지고 있고, 5만5000개의 일자리가 만들어지고 있다.

허드슨야드가 성공 가도를 걷는 배경에는 중앙정부와 지방자치단체의 적극적인 지원이 있다. 뉴욕시는 2005년 허드슨강변 일대 도시계획을 다시 조정해 뉴욕 맨해튼 중심부를 고밀도 복합용도지구로 탈바꿈할 수 있는 제도적 틀을 마련했다. 이를 토대로 지하철 연장 공사와 허드슨공원 정비 등과 같은 공공 인프라스트럭처 구축 프로젝트가 속도를 내자 민간 투자가 이어지며 개발의 선순환 고리가 형성됐다. 허드슨야드 용지를 소유한 메트로폴리탄교통공사(MTA)는 30년 장기 임대를 통해 사업자의 초기 부담을 줄였다. 또 사업자가 수익을 낼 때까지 임대료를 유예해 주는 등 공공성을 유지했다. 뉴욕시는 시행사에 60억달러 규모 세제 혜택을 제공하고, 입주사의 법인세를 감면해 줬다.

실제로 뉴욕은 허드슨야드 개발에 성공하면서 아마존, 페이스북 등 글로벌 기업들이 주변으로 모여들게 했고, 미국 실리콘밸리에 버금가는 동부 지역의 새로운 정보기술 허브로 급부상했다. 특히 허드슨야드에는 글로벌 대표 기업 외에도 미국 3대 사모펀드인 콜버그크래비스로버츠(KKR)와 세계 최대 자산운용사인 블랙록, 이 밖에 블랙스톤, 실버레이크, 서드포인트 등

경제효과 100조원 전진기지

규제프리 샌드박스 특구　다국적기업과 매칭　여의도 금융권과 연계

경제효과
67조원 +@

일자리
37만개

미국을 대표하는 금융사도 이전했다. 컨설팅 회사인 보스턴컨설팅과 언스트&영 본사, 미국 3위 은행인 웰스파고의 뉴욕 본사, 제약 회사인 화이자 본사, 소프트웨어 업체인 SAP의 미주 본사, 미디어 회사인 타임워너 본사와 워너브러더스, CNN, HBO, 터너 등도 속속 허드슨야드에 입주하고 있다. 세계적인 기업과 금융·컨설팅 회사들의 집합체로 바뀌는 허드슨야드 모델을 용산국제업무지구에도 충분히 적용할 수 있다. 서울 대표 금융가인 여의도와 용산이 가깝기 때문에 교통만 잘 연계해도 가능한 시나리오다.

용산국제업무지구(용산 정비창) 근처 용산전자상가 재개발과 국제업무지구를 연계하는 작업도 필요하다. 1987년에 개장한 용산전자상가는 1990년대부터 2000년대 초반까지 국내 굴지의 유명세를 자랑했지만, 정보기술 업종 흐름을 따라가지 못해 쇠퇴하고 있다. 상가는 원효대교 쪽부터 순서대로 전자랜드(1~3동), 원효상가(4~9동), 나진상가(10~20동), 선인상가(21~22동)로 구성돼 있다. 이후 한신전자타운, 스페이스9(현 아이파크몰 디지털 전문점), 아이피아대주피오레가 지어졌으며 대부분 재개발이 진행되고 있다. 국제업무지구와 연계성을 고려하면 용산전자상가를 스타트업 창업의 요람으로 삼아야 한다. 국제업무지구에 유치될 글로벌 상위 20개 기업과 국내 스타트업을 매칭하고, 여의도 금융권과 연계해 벤처캐피털(VC) 자금이 원활하게 흘러 들어오는 구심점을 만들자는 것이다.

프랑스 파리의 스테이션F는 용산전자상가 재개발의 역할 모델로 꼽힌다. 프랑스는 2013년부터 스타트업 네트워크를 출범해 2017년 6월 세계 최대 규모의 스타트업 인큐베이터를 개관했다. 스테이션F의 궁극적인 목표는 돈을 버는 게 아니다. 프랑스 내 스타트업 생태계를 지원하고, 이들이 세계로 뻗어 나갈 수 있도록 만드는 게 진짜 목표다. 스테이션F의 액셀러레이션 프로그램인 파운더스 프로그램(Founders Program)을 활용하면 창업자는 월 195유로(약 25만원)에 공간을 빌리고 이곳에서 제공되는 모든 것을 이용할 수 있다. 이곳에 입주한 스타트업을 위한 프로그램은 이뿐만이 아니다. 마이크로소프트와 프랑스 국립정보과학자동화연구소(INRIA)가 공동 개발하는 인공지능 특화 프로그램, 페이스북의 스타트업개라지(Startup Garage) 등 다국적 기업에서 제공하는

다양한 프로그램도 1000여 개 스타트업의 꿈을 뒷받침한다. 이곳에서 초기 스타트업에 유입되는 투자액만 3344억원에 달한다.

용산 정비창과 용산전자상가 일대를 묶어 미래 한국의 국부(國富)를 창출해 낼 경제혁신의 전초기지로 만들어야 한다. 미래혁신의 거점으로 용산 일대를 조성하면 경제 효과만 100조원 이상일 것으로 전망된다. 실제 10년 전 용산국제업무지구 개발 사업이 추진될 때 삼성경제연구소는 프로젝트 완료 시 경제 효과가 67조원에 달할 것이라고 분석했다. 37만명이 새로 일자리를 얻는 등 막대한 고용 창출 효과도 기대됐다. 이는 국제업무지구 개발만을 두고 추산한 숫자로, 주변 창업 공간 조성 등 시너지 효과를 감안하면 경제 효과는 상상 이상으로 커질 것으로 예상된다.

특히 용산은 최근 세계적으로 열풍인 국제업무지구 트렌드와도 잘 맞는 입지다. 세계적인 기업들이 거점 도시를 선정하고 투자 유치를 진행할 때 중시하는 기준이 '직주락(職住樂 · Work Live Play)', 즉 일 · 주거 · 즐거움을 함께 제공하는 도시이기 때문이다. 실제

로 허드슨야드도 이 같은 개발 콘셉트를 충실히 따르고 있다. 4000여 개 최고급 콘도와 '더셰드'라는 이름의 아트센터, 750명을 수용하는 공립학교, 200여 개 객실 규모의 럭셔리 호텔 등이 들어서고 있다. 공원 등 공용 공간이 14에이커(5만6656㎡)에 달한다. 유명 백화점 니먼마커스가 뉴욕 최초로 입점하며 토머스 켈러, 호세 안드레스, 데이비드 장 등 세계적인 요리사들의 레스토랑을 포함해 100개 이상의 식당과 상점이 들어선다.

서울 도심에서 이런 기능을 용산만큼 잘 수행할 수 있는 장소는 찾아보기 어렵다고 봐도 무방하다. 용산 정비창

과 용산공원을 각각 한국의 허드슨야드와 센트럴파크로 묶어 개발하고, 한남뉴타운과 동부이촌동 등 용산 일대 주거단지에는 국제학교와 최첨단 의료 서비스를 갖춘 대형 병원을 유치하자는 구상이다. 용산국제업무지구에 포함됐다가 단독 재개발을 추진하는 것으로 방향이 바뀐 서부이촌동도 국제업무지구와 인접한 고급 주거지로 탈바꿈할 수 있다.

결국 장기적으로 볼 때, 런던 중심 지역의 시티 오브 런던(City of London)처럼 용산도 광화문 일대 역사 도심과 연계해 서울 내 특별구역처럼 꾸며 가야 한다. 시티 오브 런던은 동서로는

런던타워에서 세인트폴성당까지, 남
북으로는 템스강에서 런던월까지의
지역이다. 런던 금융가의 중심으로 잉
글랜드은행을 비롯해 JP모건체이스,
골드만삭스, 모건스탠리, 아메리카은
행, 씨티그룹, HSBC 등 5000개가 넘
는 금융기관이 밀집해 커뮤니케이션
과 다양한 서비스, 거래 등이 신속하
게 이뤄진다.

이곳은 런던 광역정부(Greater
London Authority)와 별개로 시티 오
브 런던 자치위원회(City of London
Corporation)가 행정권을 행사하는 특
별자치지역이다. 시장도 그레이터런
던 시장과 별개로 따로 뽑고, 런던광
역경찰청 관할이 아니라 런던시티 경
찰이라는 별개 조직이 이 지역의 치안
을 담당한다. 영국의 대표적인 금융가
이자 중앙정치 권력 구조에서 분리된
고도의 자치 지역으로 자리매김하고
있다.

Link
: 교통연계 허브

영국, 미국, 일본 등 선진국에서 철도와 기차역은 사람이 모여드는 도심 내 혁신과 생산·소비의 중심지다. 반면 '한국 철도망의 핵심'인 경부선 철도 서울 구간은 되레 서울의 혈로를 막고 있다. 철도로 단절된 지역의 건물과 인프라스트럭처 유지·보수 및 교체가 멈추면서 급격히 쇠퇴하고 있다.

경부선 철도(구로~가좌) 입체화는 서울 리빌딩(Rebuilding)을 위해 필수적이다. 금천구, 구로구, 영등포구, 동작구, 용산구, 중구, 서대문구, 은평구 등 연관된 지방자치단체를 셀 수 없는 만큼 서울 균형개발의 열쇠를 쥐고 있다고 해도 과언이 아니다. 특히 기형적으로 뒤틀린 용산의 교통망을 개조하려면 철도 입체화 문제를 짚고 넘어가야 한다.

철도 입체화는 △철도 존치+하부 개발 △철도 존치+상부 개발 △철도 데크화+상부 개발 △철도 지하화+상부 개발 등 크게 4가지 방법으로 분류된다. 철도 입체화라고 하면 대개 '지하화'만 생각하지만 다양한 방법이 존재하는 셈이다. 지상철로를 놔두고 지하에 상가나 공공시설, 통로 등을 설치하는 것이 가장 손쉬운 방법이다. 하지만 철도로 인한 지역 단절 문제 해소가 불가능하다는 문제가 있다. 지상철로 위에 상부를 개발하는 방법을 이용하면 입체 보행 통로를 설치했을 때 철로로 인한 지역 단절 문제 해소를 기대할 수 있다. 다만 주변 지역 개발과 연계하기 어렵고 소음, 진동 등에 노출되는 부작용이 있다. 철로 상부에 인공대지(데크)를 설치한 뒤 건축물을 짓는 것은 일본 도쿄 신주쿠역 등에서 쓴 방법이다. 마지막 방법은 우리가 흔히 얘기하는 '지하화'로, 철로를 땅 아래로 내린 뒤 지상부를 주변 지역과 연계해 개발하는 방식이다. 이렇게 하면 새로 만들어지는 공간을 공원(철로 지하화 부분), 청년주택 등으로 활용할 수 있다.

철도 입체화는 지하화를 기본 설계 방향으로 정하되, 개발지 특성에 따라 방법을 유연하게 변경해야 한다. 지역 주민들의 의견을 수렴하고 이를 통해 지방자치단체 의지에 따라 철로 입지 여건과 지역 특색을 고려해 유형별로 구분하는 것이 바람직하다는 뜻이다. 철도 입체화를 통한 경제 효과는 경의선·경춘선 숲길에서도 이미 여실히 나타났다. 하루 평균 3만3000명이 방문하는 명소로 자리 잡은 덕분에 주변 상권이 살아났고, 2곳의 도시숲이 조성되면서 생긴 녹지는 축구장 22개 규모(총면적 15만7518㎡)에 이른다. 경의선·경춘선과 규모 면에서 비교가

안 되는 경부선 프로젝트의 경제 효과는 기대 이상으로 클 것으로 짐작된다. 다만 철도 지하화·입체화 계획을 실현하기까지는 난관이 많다. 국토교통부와 한국철도공사(코레일), 서울·경기·인천의 각 지방자치단체, 지역구 의원들은 2008년부터 경인선 지하화 방안을 여러 차례 검토해 왔지만 이는 번번이 무산됐다. 가장 큰 문제는 건설 비용이다. 개발업계에선 경부선 구로역부터 가좌역까지 전면 입체화하려면 15조~20조원이 필요할 것으로 예상한다. 이미 국가 예산을 투입한다는 계획이 있는 'KTX 광명~서울역 지하화' 사업 비용이 제외됐음에도 천문학적인 금액이다.

하지만 일부 역사를 복합개발 거점으로 만들고, 철로가 지나는 주변 용지의 재생·개발을 허용하면 경부선 입체화의 실현 가능성이 높아진다. 용산국제업무지구와 맞물린 용산역 복합개발이 주목 받는 이유가 여기에 있다. 엔지니어링 업계에 따르면 용산역을 비롯한 경부선 주요 역사 복합개발과 주변 국공유지 개발로 5조~6조원을 마련할 수 있다.

만일 경부고속도로 등 다른 지역 기반

100년 앞을 내다보는 교통의 심장

도로교통 중심축 조성

용산역을 복합 환승센터로

지상광장
정류장(버스, 택시)
공공/상업시설
세종직결 KTX
GTX
신분당선

시설 개발 이익을 이 사업에 전용할 수 있다면 개발비를 더 확보할 수 있다. 현재 근거 법령 개정도 진행되고 있다. 실제로 서울 서초구에선 줄기차게 "경부고속도로 지하화를 통해 얻은 수익을 경부선 지하화에 쓰는 방안을 제안한다"며 "서울균형발전기금을 조성해 경부선 지하화를 진행하면 서울시 균형발전에 도움이 된다"고 제안하기도 했다.

그럼에도 5조~10조원이 빈다. 결국 철도가 지나는 주변 민간 용지 재생·개발을 허용해 이 프로젝트에 투입시키는 방법을 강구해야 한다. 하지만 현행 법 체계에서 도시재생은 '도시재생 활성화 및 지원에 관한 특별법', 철도 개발 등은 '역세권 개발법' 등을 따르도록 돼 있어 법끼리 충돌하는 경우가 잦다.

이에 따라 철도 개발과 주변 지역을 통합한 마스터 플랜을 만들 수 있는 특별법 제정이 필요하다. 각각의 개발 사업에 대한 법 근거를 갖고 있기 때문에 이를 아우르는 특별법만 있으면 된다. 특히 철도 용지를 민간에 팔 법적 근거를 꼭 마련해야 한다. 철도 용지는 국유 철도 용지(철도 시설 용지)와 철도 공사 용지(현물 출자 용지)로 나뉘는데, 국토의 계획 및 이용에 관한 법률상 국유 철도 용지는 임대만

가능하고 매각이 불가능하다. 철도 지하화 사업은 국유지인 상부 토지 매각이 핵심인데 이게 막혀 있다는 뜻이다. 이 과정에서 용산역의 복합환승센터 기능도 강화해야 한다. 신분당선과 수도권광역급행철도(GTX) 등이 이 역으로 들어오지만 현재 용산역의 환승 기능은 취약하다. 서울역과 용산역의 기능 분배에 대한 고민이 필요한데, 여기에서 영국 런던의 킹스크로스역과 세인트판크라스역의 관계성을 고려할 만하다. 킹스크로스역과 세인트판크라스역은 2차로 도로를 사이에 두고 있다. 영국 다른 지역으로의 연결은 킹스크로스역이, 유로스타와 유라시아철도 등 글로벌 노선 종착은 세인트판크라스역이 담당한다. 용산역과 서울역 거리는 이보다 멀지만 입체화 작업이 동반 진행되면 어느 정도 역할 배분이 가능할 것으로 전망된다. 용산역은 KTX 세종 직결 노선을 연결하는 등 국내 철도 중심으로, 서울역은 앞으로 통일 시대를 대비한 국제 노선 중심으로 나누는 방안 등을 고려할 만하다.

용산 미군기지 때문에 뒤틀린 도로 교통망을 재정비해 서울 중심 기능을 되살리는 작업도 필요하다. 실제로 서울 숭례문에서 용산을 남북으로 연결하는 옛길인 후암로는 용산기지 메인포스트 북쪽 용산고등학교 앞에서 사실상 끊어져 있다. 용산기지의 메인포스트와 사우스포스트 사이를 동서로 가로지르는 이태원로 역시 서울 도심 한복판 도로임에도 불구하고 주요 구간 폭이 왕복 4차로에 불과할 정도로 좁다. 용산공원이 조성되면 용산기지 안에 있는 기존 상부 도로는 사용에서 배제될 수밖에 없어 심각한 고민이 필요하다.

이 같은 이유 때문에 용산 일대 교통망 기능을 강화하기 위해 지하를 활용해야 한다는 목소리도 높다. 오세훈 서울시장은 2021년 재보궐선거에서 핵심 공약으로 '용산 링킹파크(Linking Park)'를 강조했다. 용산 링킹파크는 용산 미군기지 용지에 들어선 용산공원 하부에 주요 간선도로가 모이는 교통 결절점(여러 기능이 집중되는 접촉 지점)을 만드는 계획이다. 파리 외곽의 신도시 라데팡스 지하에 고속도로, 지하철, 일반도로 등을 만든 것과 비슷한 모델이다. 서울시 구상에 따르면 용산 링킹파크는 서울 주요 간선도로와도 연계성이 높다. 한남IC부터 지하화된 경부고속도로는 한강을 거쳐 용산 지하로 이어지고, 강변북로 등과 연계할 계획도 갖고 있다.

용산 링킹파크는 용산을 중심으로 각각 북쪽과 남쪽에 배치된 정부서울청사, 정부과천청사와의 효율적 연락을 위해서도 필수적이다. 대통령실이 청와대에서 용산 국방부로 옮겨지면서 외교부, 통일부, 여성가족부, 금융위원회 등 주요 부처가 있는 정부서울청사에서 대통령실까지 거리가 5㎞ 이상으로 되레 멀어졌다. 이는 차로 15분 이상 걸리는 거리다. 광화문 정부서울청사에서 청와대까지 거리는 1㎞ 내외로 자동차로 가면 2~3분밖에 걸리지 않았다.

정부과천청사에도 법무부와 방송통신위원회, 방위사업청 등 적지 않은 부처가 남아 있다. 용산에서 밀려난 국방부 일부 부서도 정부과천청사로 들어갈 예정이다. 현 용산 국방부 청사 바로 옆 합동참모본부 역시 서울과 경기도 과천의 경계인 남태령 수도방위사령부 일대로 연쇄 이동할 예정이다. 자연히 과천(남태령IC)~이수(동작IC) 사이 도로 교통의 확장이자,

강북 연장선인 용산 링킹파크의 필요성이 더욱 커진다. 물론 용산 링킹파크를 현실화하기까지 지반 문제, 공사 비용 등 따질 사안이 많다. 하지만 꼭 링킹파크가 아니더라도 용산공원 근처 도로와 서울 주요 간선도로를 연결하는 작업은 꼭 필요하다.

용산은 미래 주요 교통수단으로 주목받는 도심항공교통(UAM) 사업의 테스트베드로도 활용이 가능하다. 도심항공교통은 기존 헬기와 비슷한 고도로 비행하지만, 전기동력을 활용하기 때문에 탄소 배출이 없고 소음도 대폭 저감돼 친환경적인 미래 교통수단으로 알려져 있다. 세계적인 투자은행 모건스탠리에 따르면 세계 도심항공교통 시장 규모는 2021년 70억달러(약 7조8000억원)에서 2040년 1조4740억달러(약 1640조6400억원)까지 성장할 것으로 예상된다.

도심항공교통은 안전 문제 때문에 초기엔 한강을 활용할 수밖에 없을 것으로 전망된다. 저고도 비행 중에 사고가 발생할 위험이 있어 차량과 사람이 이동하는 육지를 최대한 피해서 날겠다는 취지다. 이 같은 상황에 비춰 볼 때 용산은 도심항공교통

도심항공교통(UAM) 플랫폼

인천국제공항

여의도

용산

강남 업무지구

잠실MICE

등 미래 교통을 실험할 수 있는 좋은 입지를 갖고 있다. 실제로 서울시가 2022년 3월 발표한 '2040 서울도시기본계획'에서도 용산을 도심항공교통의 주요 거점으로 포함하고 있다. 용산에 대규모 도심항공교통 버티포트(Vertiport) 터미널을 구축하고 전략적인 인프라스트럭처를 구성한다는 계획이다. 도심항공교통 착륙장은 이착륙이 수직으로 이뤄지기 때문에 버티포트라고도 불린다. 글로벌 비즈니스 파트너들이 인천국제공항에 도착하면 도심항공교통을 타고 용산으로 날아와 여의도, 강남 등 서울 다른 업무지구로 이동할 수 있도록 미래 교통의 거점을 만든다는 복안이다.

Originality
: 역사문화 허브

앞에서 언급한 대로 정부는 광화문~용산~한강을 잇는 한강대로 7㎞ 구간과 광장을 '국가상징거리'로 조성한다는 방침을 갖고 있다. 미국 워싱턴DC의 내셔널몰과 프랑스의 샹젤리제 같은 대표 공간을 만들겠다는 것인데, 주변 용산 정비창 용지나 서울역 서부 역세권 개발계획 등과도 연계할 방침이다. 2009년 오세훈 서울시장 1기 당시 계획은 크게 △광화문 권역(경복궁~청계천)의 국가 역사문화 중추 공간 △용산 권역(서울역~노들섬)의 미래 신성장동력 공간 등으로 구성됐다.

광화문과 용산의 관계는 프랑스 파리 옛 도심과 라데팡스를 참고하면 된다. 루브르박물관과 샹젤리제 거리, 개선문, 라데팡스는 직선으로 이어져 있다. 8㎞ 구간의 직선대로에는 군주국가를 상징하는 루브르궁과 프랑스대혁명을 떠올리게 하는 콩코르드 광장, 부르주아 계급의 성장을 담고 있는 샹젤리제 거리와 세계 자본주의의 상징인 라데팡스가 한 축을 이룬다. 이곳은 프랑스의 역사와 미래를 한 번에 보여 준다.

특히 광화문과 용산 일대를 개발하면서 용적률 거래제 등 우리나라가 그동안 활용하지 못했던 도시계획의 새로운 기법을 활용하는 방안도 고려할 만하다. 현재 서울 4대문 안은 역사 도심으로 지정돼 높이가 90m 이상인 건물을 짓지 못한다. 종로구 북촌이나 익선동 등 상업지역도 마찬가지다. 경복궁, 종묘 등 문화재 근처라는 이유로 앙각 규제(문화재 건물 높이의 2배 지점에서 문화재 높이를 기준으로 건물 각도를 27도로 제한하는 제도)까지 있어 그나마 90m도 적용받지 못하는 사례가 비일비재하다. 세운상가가 대표적이며 심지어 인사동에서는 높이가 30m 이하인 건물만 지어야 한다.

4대문 안 도심과 용산에 '용적률 거래제'를 도입하면 도심을 '중밀도 콤팩트 시티'로 개발하는 게 가능해진다. 용산은 유연한 스카이라인의 미래 도시로 만들고, 4대문 안은 역사 도심에 맞는 콘셉트를 적용하는 것이다. 예를 들어 '힙지로(Hip+을지로)'로 대변되는 세운지구는 1960~1980년대에 특화시키고, 광장시장은 일제강점기 때의 경성, 남대문시장은 조선 시대 시장을 재현하는 공간으로 리모델링하는 식이다.

물론 우리나라에도 용적률 거래제와 비슷한 제도가 '결합건축'이란 이름으로 2016년에 도입됐다. 하지만 '거래 후 30년 매매 제한' 등 제약 조건이 많아 활용된 적은 거의 없다. 용산과 광화문 일대에 용적률 거래제를 도입하면서 미국처럼 용적률의 적정 가격을 평가하고 거래를 중개할 '용적률 거래 중개은행'도 시험해 봐야 한다는 지적이 나온다. 시장에서 거래된 적이 없는 용적률에 대해 개인끼리 협상해 가격을 매기는 것은 사실상 불가능하기 때문이다. 미국에서는 중개은행을 통한 용적률 거래가 활성화돼 있다.

더 나아가 용산 대통령 집무실 주변에 국가 상징물을 만드는 방안을 고려해야 한다. 뉴욕에는 미국을 상징하는 '자유의 여신상'이 랜드마크로 자리매김하고 있다. 런던에서는 '빅벤(Big Ben)'이 이 같은 역할을 한다. 반면 서울에는 수도 서울을 넘어 대한민국을 상징하는 랜드마크가 없다는 지적이 나온다. 숭례문, 경복궁 등 서울의 주요 문화유산은 조선 시대에 서울을 수도로 삼은 이후 만들어져 많은 이들이 대한민국보다는 조선 시대를 먼저 떠올린다. 대통령 집무실 이전과 국가상징거리 조성을 계기로 대한민국을 상징하는 랜드마크에 대한 고민이 필요한 시점이다.

장기적으로는 용산에 들어선 대통령 집무실의 청사진도 다시 만들어야 한다. 당장은 시간 제약상 국방부 청사

韓 대표 거리에 과거-미래 잇는 랜드마크를

광화문
시청
서울역
용산
한 강

1단계
(2.5km)
역사의 생성

2단계
(4.5km)
미래 발전

경복궁
대통령
집무실
서울역
용산역
용산공원
노들섬

를 이용할 수밖에 없겠지만, 중·장기적으로는 국방부 청사가 아니라 새 시대정신을 구현할 집무실과 관저, 영빈관, 근처 용산공원이 어우러져야 이 지역이 진정한 '한국의 얼굴'이 될 수 있다.

새 정부가 참고하고 있다고 알려진 미국 백악관은 대통령과 그 가족이 사는 중앙 관저와 집무실이 있는 웨스트윙(west wing), 영부인 집무실과 연회장이 있는 이스트윙(east wing)으로 나뉜다. 웨스트윙 1층에는 대통령 집무실인 오벌 오피스(oval office)와 국무회의실, 핵심 참모들의 사무실, 기자회견장이 모두 모여 있다. 백악관 남과

북에 맞닿은 엘립스광장과 라파예트 공원은 시민들이 아무런 허가 없이 누릴 수 있다.

용산으로 대통령 집무실을 이전하며 소통을 강조했던 윤석열정부의 명분을 고려하면 집무실 건축은 수평적으로 열린 형태를 차용해야 한다. 국격에 어울릴 만한 현대적 전통 건축물을 짓는 방법도 생각할 만하다. 청와대처럼 지붕에만 기와를 얹은 형태가 아니라 전통 공법과 공간 구조를 제대로 구현하면서 현대미(美)를 가미한 건축물을 짓자는 뜻이다.

용산은 간단한 셔틀버스만 있어도 역사·예술지구로서 연결성이 개선될

수 있다. 광화문 권역과 쉽게 연결되고 이태원도 가까워 매력적인 허브가 될 수 있다. 용산이 서울의 얼굴을 달라지게 할 문화·역사·여가 공간으로 거듭날 가능성이 높은 이유다. 현재 서울 시내를 누비는 외국인 전용 시티투어버스로는 런던형 2층 버스와 강남 권역에서 운영되는 열차 형태의 트롤리버스가 있다. 이를 아예 싱가포르 덕투어처럼 한강과 연계한 세계적인 명물 투어버스로 만들 수도 있다.

현재 용산에는 국립중앙박물관, 전쟁기념관, 한글박물관 등 한국을 대표하는 박물관, 기념관이 대거 밀집해 있다. 한국을 찾은 관광객들이 전쟁을 겪은 한국의 역사와 한글 등 문화유산을 처음 만나는 관광 1번지 역할을 충분히 할 수 있는 여건이다. 여기에 대통령 집무실이 용산의 품으로 왔기 때문에 일대의 '뮤지엄 로드'는 힘을 얻을 수 있다. 프랑스 대표 화랑 페로탱 등이 밀집한 파리 엘리제궁, 영국 런던 버킹엄궁 옆의 메이페어, 독일 베를린 대통령 관저 벨뷔궁 인근 미테도 각국을 대표하는 화랑가다. 미국 워싱턴DC 백악관 주변에는 내셔널갤러리, 링컨기념관, 항공우주박물관, 자연사

박물관 등이 밀집해 미국 수도를 관광 도시로 발전시켰다.

국립중앙박물관은 5000년 문화사를 품고 있어 한국 문화의 원류를 찾아가게끔 유도하는 최적의 공간이다. 게다가 관람객 수(2021년 126만명) 기준으로 세계 10대 뮤지엄으로 꼽히고 한류 스타들의 '인증샷' 열풍으로 MZ세대(밀레니얼+Z세대)의 성지가 된 지 오래다. 방탄소년단(BTS)의 리더 RM이 인스타그램에 올리며 화제가 된 국보 금동미륵보살반가사유상 두 점이 전시된 '사유의 방'은 한국을 대표하는 문화재를 세계에 알릴 수 있는 명소 중 명소다. 기념품으로 불티나게 팔려 나가고 있는 파스텔 톤의 반가사유상 미니어처는 대표 관광 상품이 될 수 있다.

한남동에 있는 리움미술관은 국내 최고의 사립 미술관이다. 데이미언 허스트, 알베르토 자코메티 등의 세계적 미술품뿐 아니라 김정희, 김홍도, 신윤복, 정선 등의 고미술과 국보 36점을 보유하고 있다. K화장품의 진원지인 아모레퍼시픽 본사 미술관도 수준 높은 현대미술 전시를 꾸준히 열고 있고, 화장품 쇼핑을 하기에도 최적의

공간이다. 여기에 최근 타데우스 로팍, 리만머핀, 페이스갤러리 등 세계적인 화랑들이 앞다퉈 한남동에 진출했다. 용산공원 일대부터 이태원동, 한남동까지 20개가 넘는 화랑과 미술관이 밀집한 '미술 벨트'도 볼거리를 충족시킬 수 있다.

관광의 '화룡점정'은 용산 하이브 사옥의 뮤지엄 '하이브 인사이트'다. 지하 1~2층에 4700㎡ 규모로 조성된 이곳에는 BTS, 투모로우바이투게더(TXT) 등의 음악 역사는 물론이고 이들과 협업한 세계적 미술가들의 작품이 대거 걸려 있다. 용산에서 멀지 않은 성수동 SM엔터테인먼트 사옥과 홍대 YG엔터테인먼트 사옥도 한류 관광을 위한 필수 코스가 될 수 있다.

용산의 또 다른 경쟁력은 서울의 심장부라는 위치적 확장성이다. 용산은 지리적으로 미술관과 화랑이 밀집한 광화문과 동대문디자인플라자(DDP), 쇼핑 메카 동대문, 청춘 문화 성지인 홍대와 성수동, 한강 수변공원 일대를 '동서남북의 배후지'로 품어 관광 허브 입지로 최적이다. 따라서 용산공원과 철도, 한강 등으로 단절돼 섬처럼 고립됐던 용산이 특별법을 통해 개발될 때, 이곳을 관광 허브로 육성하는 각론이 포함돼야 한다는 게 매일경제신문의 제언이다. 용산 일대 관광지를 포함해 광화문·동대문·홍대를 경유하는 투어 코스를 개발하고, 용산 미술관과 광화문 국립현대미술관·서울역사박물관·국립고궁박물관을 한 장의 티켓으로 모두 볼 수 있는 '뮤지엄 패스'를 만들어야 한다.

관광 허브에서 중요한 '먹방' 포인트도 이미 근처에 마련돼 있다. 서울에서 가장 이국적인 거리인 이태원동 등엔 가볍게 글로벌 식도락을 즐길 수 있는 곳들이 이미 형성돼 있다.

여기서 한발 더 나아가 이태원에서 연계되는 한남동 일부를 미국 샌프란시스코 소살리토 같은 예술인촌(村)으로 만드는 방안도 고려할 만하다. 소살리토는 샌프란시스코에서 금문교(Golden Gate Bridge)를 건너면 나오는 휴양 마을이다. 샌프란시스코가 자랑하는 리조트 지역으로, '서쪽의 리비에타'로 불리기도 한다. 예쁜 상점과 갤러리, 예술인 거주지들이 모여 있어 많은 영화에서 배경으로 나오기도 했다. 이곳은 한때 아편굴인 동시에 갱들의 소굴이기도 했다. 하지만 지금은

관광객 年 3000만 시대 견인

국가상징거리와
한강, 박물관 연계 투어버스

美소살리토 같은 대표 예술가村

이태원 국제음식거리를
미슐랭의 성지로

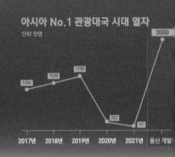

아시아 No.1 관광대국 시대 열자
단위: 만명

2017년 1334 | 2018년 1535 | 2019년 1750 | 2020년 252 | 2021년 97 | 용산 개발 3000

젊은 예술가와 음악가들이 사는 예술 마을로 변모했다. 이에 비춰 볼 때 이태원의 이국적인 분위기와 용산에 들어설 공원, 근처의 풍부한 문화유산들은 예술인들의 감수성을 일깨우기에 충분하다는 평가다.

용산 일대를 문화관광특구로 개발하는 작업만 잘 마무리해도 우리나라 관광 인프라스트럭처는 한층 다양해질 것으로 전망된다. 한국을 찾는 외국인들 의견을 종합하면, 서울의 경우 광화문 일대를 관광한 이후엔 더 이상 갈 곳이 없다는 평가가 많다. 하지만 광화문과 용산, 그리고 한강 일대까지 연계만 잘 이뤄져도 한국 관광객

연간 3000만명 시대는 요원하지 않다는 주장이 많다. 코로나19 사태 이전인 2019년에 한국을 방문한 외국인 관광객은 1750만명이었다.

Communication
: 협치소통 허브

수도 서울을 재창조하기 위한 '용산 르네상스'를 이루려면 집권 세력의 이해관계에 따라 흔들리지 않는 장기 개발 로드맵이 필요하다. 정치적·경제적 외풍에 휘청거리면서 10여 년간 공회전을 거듭했던 과거 경험을 반면교사로 삼아 통합적이고 포용적인 추진 체계를 만들어야 한다는 얘기다.

결국 10년 이상 멈춰 있던 용산 개발의 시계를 다시 움직이게 하기 위해서는 일관성과 추진력을 가지고 프로젝트를 끌고 나갈 컨트롤타워가 필요하다. 현재 용산 개발 프로젝트 중 공원 조성은 국무총리실 산하 위원회, 기반시설 조성은 국토교통부, 주변 지역 관리는 서울시 등으로 관련 법과 추진 주체가 분산되면서 사업 추진동력이 떨어진 상태다.

대통령 직속 용산개발특구청은 흩어진 용산 개발계획을 묶어 국가급 프로젝트로 추진할 대표 조직으로 거론된다. 기획재정부·국토교통부·외교부·서울시 등 정부와 지방자치단체가 머리를 맞댈 수 있는 조직을 구성하고, 산학연 전문가는 물론 시민·환경단체를 포함한 민간 단체도 힘을 보태는 구조다. 여기에 수십 년이 걸릴 장기 프로젝트에 힘을 실어줄 여야 정치권의 참여도 요구된다. 단순히 도심 개발 프로젝트에 그치지 말고 용산 개발을 협치의 시작점으로 만들라는 주문이다.

현재 세종특별자치시나 새만금 간척 사업 등 국가 주도 개발 사업을 담당하는 행정중심복합도시건설청과 새만금개발청 등은 국토교통부 소속 기관이다. 하지만 많은 도시계획 전문가들은 용산 르네상스가 제대로 움직이려면 새만금개발청이나 행정중심복합도시건설청보다 높은 대통령 직속 개발청이 필요하다고 입을 모은다. 그래야 미군 용지 반환이나 환경 정화 비용에 대해 미군 당국과 협의할 때도 잘 풀어 나갈 수 있고, 개발 사업 전체에 관한 사업경제성(BC) 역시 통합적으로 따져 볼 수 있기 때문이다.

또 용산 개발은 단기간에 해결할 수 있는 일이 아닌 만큼 여야가 함께할 수 있는 거버넌스가 마련돼야 한다. 정권의 대계가 아니라 국가의 백년대계를 생각하면서 방향을 설정해야 한다는 뜻이다. 용산 개발 프로젝트는 장기 호흡으로 진행해야 하고, 민간의 돈이 적시에 투입되려면 정치적·경제적 리스크를 분산하는 제도적 장치 마련도 절실하다.

일본의 도쿄 도심 개조 작업은 참고해 볼 만한 사례로 꼽힌다. 1964년 도쿄 올림픽 전후에 대규모로 개발됐던 도심은 시간이 지나면서 낙후됐고, 1991년부터 시작된 일본 경제 장기 불황은 도심 개발을 오랫동안 막아 왔다. 고이즈미 준이치로 전 일본 총리는 2002년 일본 경제 활성화를 위해 총리대신실이 주도하는 도심재생특별법을 만들었다. 이 법의 주요 정책은 △총리 직속의 도시재생위원회 설치 △중앙정부 주도 아래 '고층주거유도지구계획' 등 토지의 유효 이용과 고도 이용 촉진 △도시계획심의위원회의 탄력적 개최와 도시계획 결정 수속의 유연성 확보 △각종 용적률 이전 제도 요건 완화 △도시계획, 건축 규제 완화 적극 촉진 등이었다.

이렇게 해서 도쿄, 오사카 등을 중심으로 도심재생특별법에 따른 '긴급정비구역'이 지정돼 대도시권에 남겨진 철도역 주변 미개발지, 항만부에 남겨진 거대한 공업 지역 등을 대상으로 대규모 도시 공간의 구조 개편이 시도됐다. 이를 통해 시나가와 시즌 테라스, 마루노우치 도심 글로벌 업무지구, 도쿄 미드타운 재생, 롯폰기힐스 개발, 신주쿠·시부야 등 도쿄 주요 역세권 복합재생 사업 등 수많은 도쿄 도심개발 프로젝트가 진행됐고, 성공

특별법·개발청, 협치의 場 대통령이 직접 열어라

여야 정치권

산·학·연

개발청 설립
특구법 제정

시민·환경단체

정부·지자체

적인 결과를 낳고 있다.

한 가지 특징은 도쿄 도심재생 사업들이 대부분 개발 주체끼리 협의체를 만들고, 전체 구역을 통합 개발하는 형태로 진행되고 있다는 것이다. 도심재생특별법이라는 최상위 법을 근거로 사업지마다 자신들의 특성에 맞게 계획을 작성하고 의견을 주고받으며 개발을 추진하고 있다는 뜻이다. 때로는 민간과 공공 부문이 끝없는 논의를 통해 기존 계획을 과감하게 수정하기도 한다. 1998년 재개발이 시작된 시나가와역은 도쿄에서 가장 먼저 진행된 역세권 재생 프로젝트다. 철도 화물기지로 사용되던 용지를 상업시설과 오피

스타운으로 복합개발했다. 전체 공간 종합 설계, 역사와 오피스 빌딩 사이 공중회랑, 1층에 조성된 공원 등 이후 역세권 개발에서 흔히 보이는 아이디어가 이곳에서부터 시작됐다.

하지만 시간이 지나면서 예상보다 개발 효과가 크지 않다는 주장이 나오기 시작했다. 시나가와역 2단계 개발은 이 문제점을 해결하기 위한 보완 성격이 강했다. 차량기지를 이전한 후 윗부분을 인공데크로 덮고 양쪽에 상점과 오피스를 배치하는 '신주쿠식 개발'을 지향했기 때문이다.

민간을 지원하면서도 강력한 리더십을 발휘해야 하는 정부의 역할을 미국

뉴욕 허드슨야드 프로젝트에서도 찾을 수 있다. 이곳 역시 금융위기 발발로 2008년 사업자가 당초 티시먼에서 릴레이티드로 변경되는 등 혼란을 겪었다. 하지만 용지를 소유한 공기업 메트로폴리탄교통공사(MTA)가 사업이 수익성을 확보할 때까지 사업자에 대해 임대료를 유예해 주면서 위기를 극복했다. 그리고 2012년 12월 드디어 첫 삽을 떴다.

우리나라의 경우 대통령 집무실 이선을 기회로 활용해 용산을 국내외 협치의 공간으로 탈바꿈시켜야 한다. 대통령 집무실과 정부 주요 인사, 민간 전문가들이 자유롭게 드나들며 의견을 주고받을 수 있는 통로로 써야 한다는 뜻이다. 청와대는 입지의 폐쇄성 때문에 '구중궁궐'이라는 별명이 붙을 정도로 동선이 자유롭지 못했던 게 사실이다.

실제로 선진국의 대통령이나 총리 관저는 국내 정치를 담당하는 다른 부처와 연계성이 높게 설계돼 있다.

총리의 집무실과 관저가 함께 있는 영국 런던 다우닝가 10번지는 건물 주소가 총리실을 상징한다. 1680년 조지 다우닝 경은 왕실에서 받은 10번지 땅에 2층, 3층 단독주택이 붙은 타운하우스를 지었다. 1732년 영국의 초대 총리 겸 재무장관이었던 로버트 월폴이 이곳을 총리 관저로 사용하면서 지금까지 역사가 이어지고 있다.

다우닝가 10번지는 3층짜리 건물의 맨 위층이 관저 역할을 한다. 방은 4개다. 2층에는 국무회의장이 있다. 자리가 좁아 각료들의 의자가 빼곡히 들어차 있다. 비서실장실도 이 건물에 있다.

10번지 건물 바로 옆인 11번지에는 여당의 2인자인 재무장관의 집무실 겸 관저가 있다. 두 건물은 안쪽으로 서로 연결돼 있다. 9번지에는 집권당 원내대표의 집무실이 있다. 다우닝가에는 외교부·내무부 건물도 들어서 있다.

프랑스 대통령 관저인 엘리제궁은 2층짜리 건물이다. 건축가 아르망클로드 몰레가 한 귀족에게 땅을 팔면서 지어준 저택으로 매우 좁다. 현 엘리제궁의 모습을 갖춘 건 1867년 대공사 이후다. 건물 1층에는 국가 공식 연회나 만찬이 열리는 '살 데 페트(축제방)'와 매주 국무회의가 열리는 대회의장인 '살롱 뮈라'가 있다.

대통령과 측근들의 집무실은 2층에 몰려 있다. 2층 정원 쪽 중앙에는 샤

글로벌 협력의 헤드쿼터

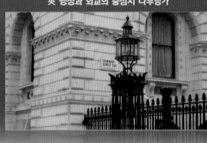

를 드골 전 대통령 시절부터 대통령 집무실로 쓰이는 '살롱 도레'가 있다. 그리고 대통령 집무실 바로 왼쪽에 비서실장 집무실이나 간이 회의실로 쓰이는 '살롱 베르'가 있다. 대통령 집무실 바로 오른쪽에는 대통령과 참모진이 수시로 회의를 하는 회의실이 있다. 비서실장 집무실과 회의실 옆쪽으로도 각각 수석 보좌진의 사무실이 있다. 수십 m 내에 대통령과 핵심 보좌진의 방이 나란히 있어 효율성이 높다.

독일은 통일 이후 수도를 베를린으로 옮기면서 총리실을 새로 지었다. 건축할 때의 콘셉트는 최첨단 시설을 갖춘 8층짜리 대형 건물이면서 총리와 참

모진 간 소통, 총리실과 의회의 소통을 최우선으로 한다는 것이었다.

총리 집무실은 7층에 있다. 같은 층의 집무실 맞은편에 총리 비서실장실이 있다. 한 층 아래인 6층에는 각료 회의실이 있다. 5~6층에는 대연회장, 이민·난민장관실, 문화·언론장관실도 있다. 도청 방지 시설을 갖춘 비상대책회의실은 4층 중간에 있다.

총리실 건물과 하원 의사당 간 거리는 500m에 불과하다. 행정부와 입법부가 가까이에서 마주 보며 협력해야 한다는 의미를 담았다. 관저 높이는 36m로 의사당(47m)보다 낮다. 행정부가 민의를 대변하는 의회를 존중해야 한

다는 뜻이다. 집무실 바로 위인 8층에
는 침실 2개와 거실, 화장실, 부엌을
갖춘 아파트형 총리 관저가 있다.

일각에선 광화문, 정동, 한남동, 여의
도동 등 서울 곳곳에 흩어진 각국 대
사관을 용산에 집결시켜 외교타운을
조성하자는 주장도 나온다. 용산 대통
령 집무실과 인접한 외교타운이 미군
기지 이전과 한반도의 지정학적 리스
크를 해소할 수 있는 글로벌 전략 수
립의 전진기지가 될 수 있다는 것이
다. 실제로 런던 다우닝가와 파리 엘
리제궁 근처에는 외국 대사관이 밀집
해 있어 글로벌 협치의 헤드쿼터 역할
을 하고 있다.

Korea
: 상생발전 허브

'용산 개발'은 단순히 용산 일대를 개발하는 것에 그쳐서는 안 된다. 서울 한복판에 새로운 중심축을 만들어 내는 동시에 용산을 전국과 연결되는 '교통 허브'로 만드는 국가급 프로젝트가 되기 위해서는 무엇보다도 모든 국민의 관심과 참여를 끌어내는 일이 중요하기 때문이다.

이 같은 이유로 용산 개발 편익이 수도권과 비수도권으로 이전되는 개발이익 배분까지 그리는 작업은 필수적이다. 하지만 용산 외에도 서울 핵심지에서 진행되는 개발 사업에서 발생하는 편익을 다른 지역으로 뿌리는 작업은 이미 여러 각도로 진행 중이다. 최근 정부와 정치권에서는 강남에서 이뤄진 대형 개발 사업에서 기부채납으로 걷는 현금인 '공공기여금'을 강북 낙후 지역을 지원하는 데 쓸 수 있도록 관련 법을 개정했다.

공공기여금은 개발 사업에 대해 서울시가 용도지역변경을 통한 용적률 상향 같은 도시계획 변경을 허가해 주는 대신 개발이익 중 일부를 현금으로 기부채납 받는 것을 말한다. 기존에는 개발이 이뤄진 자치구 혹은 지구단위 계획구역 내에서만 사용해야 했다. 서울시는 이를 다른 자치구(기초지방자치단체)에서도 사용할 수 있게 해 도로, 공원과 같은 장기 미집행 도시계획시설, 임대주택·기반시설 설치 등의 재원으로 쓰는 방안을 열어 줬다.

지금까지 역대급 공공기여금을 낸 대표적 사례로는 삼성동 글로벌비즈니스센터(GBC) 개발을 꼽을 수 있다. 현대자동차는 서울시와 사전 협상을 진행해 1조7000억원 규모 공공기여금을 내기로 했다. 이 자금은 대상지 인근 개발인 △영동대로 지하공간 복합개발(4000억원) △올림픽대로 지하화(3270억원) △잠실 주경기장 리모델링(2800억원) 등에 쓰이도록 돼 있다. 해당 법이 개정되기 전이라 강남구 위주로만 쓰여 대형 개발 프로젝트가 균형개발에 도움이 되지 않는다는 지적이 많았다.

서울시와 국토교통부는 공공기여금 사용 범위가 해당 기초지방자치단체(시 · 군 · 구)에서 도시계획수립단위(특별시 · 광역시 · 특별자치시 · 특별자치도 · 시 · 군) 전체 지역으로 확대될 수 있도록 법을 바꿨다. 전체 공공기여 중 시 · 구 사용 비율은 향후 국토계획법 시행령이 정하는 범위에서 서울시 도시계획조례로 정하기로 했다. 공공기여금 사용처는 장기 미집행 공원 등 도시계획시설 설치, 임대주택 등 조례로 정하는 시설(서울시는 공공임대주택 · 공공기숙사 · 공공임대산업시설), 기반시설 · 공공시설 설치로 정했다. 구체적인 사용처는 '지구단위계획'을 통해 결정하고 '공공시설 등 설치기금'을 설치해 운용한다. 이 개정안을 통해 경부고속도로 지하화, 서초구 서초동 롯데칠성음료 용지 개발 등에서 나온 공공기여금을 서울 강북 지역으로 돌릴 수 있게 됐다. 용산개발특별법은 이 사례와 실제 행정 환경 등을 고려해 용산 프로젝트에서 나온 공공기여금 사용 범위를 서울 다른 지역, 더 나아가 전국 낙후 지역으로 확대하는 방향도 고려할 수 있다.

일각에선 민관 합동 펀드를 만들어 용산 개발에 따른 이익을 모든 국민이 공유해야 한다는 주장도 나온다. 실제로 용산 서울드래곤시티 개발 시행사인 서부T&D가 리츠(REITs · 부동산투자신탁)를 상장시켜 부동산 자산을 유동화하는 작업을 진행하고 있어 눈길을 끈다. 리츠는 투자자들의 자금을 모아 부동산에 투자하고 임대료나 매각 차익으로 얻은 이익을 정기적으로 배당하는 부동산 간접 투자 상품이다. 부동산 자체가 아닌 리츠 주식을 소유하는 구조여서 증시에서 일반 주식처럼 자유롭게 사고팔 수 있고, 리츠에

용산 펀드로 이익을 전국민에게

서 임대 · 운영 수익이 나면 그 이익을 배당으로 돌려받을 수도 있다. 용산 개발 민관 합동 펀드가 충분히 참고할 만한 사례가 되는 셈이다.

부동산 자산을 유동화하는 것은 '직접 투자'에만 몰린 우리나라 국민의 부동산 투자 성향을 '간접 상품'으로 돌린 다는 데도 의미가 있다. 정부도 이 같은 목적을 담아 2018년 12월 리츠 공모 · 상장 활성화 방안과 2019년 9월 공모형 부동산 간접 투자 활성화 방안 등을 잇달아 발표하면서 성장 기반을 마련하고 있다.

상장 리츠는 주가가 안정적일 뿐만 아니라 연 5~7%의 높은 배당 수익까지 얻을 수 있어 하락장 '헤징(위험 회피)'을 위해 주목해야 할 종목으로도 꼽힌다. 리츠의 핵심은 근간이 되는 우량 부동산 자산인데, 폭발적인 성장력과 잠재성을 지닌 용산 프로젝트만큼 유동화하기 좋은 부동산은 없다고 봐도 무방하다.

용산 개발 프로젝트가 성공적으로 추진되면 '지방 메가시티' 탄생을 위한 마중물 역할도 할 수 있다. 용산 개발이 국가가 주도하며 기반시설에 투자하는 동시에 민간 자본이 들어오는 방식으로 이뤄지면 지방 경쟁력 강화를 위한 롤모델이 될 수 있다는 뜻이다. 수도권과 비수도권 간 격차를 가장 단

용산은 소멸 위기 지방 살릴 롤모델

30년 뒤 지방 46%가 소멸 위험

쇠퇴지역 중소도시 연계

지방중소도시A

메가시티

지방중소도시B   지방중소도시C

순하게 비교할 수 있는 것은 인구 밀도다. 수도권 면적은 국토의 11.8%인데 인구는 전체의 50.2%다. 우리나라 인구 중 절반 이상이 국토 약 9분의 1에 모여 살고 있다는 뜻이다.

'지방소멸위험지수'를 보면 상황은 더 심각하다. 이 수치는 한 지역에서 65세 이상 인구 대비 20~39세 여성이 차지하는 비중으로, 0.5 미만이면 소멸위험지역으로 분류된다. 이 지수 수치가 낮으면 인구의 유출·유입 등 다른 변수가 크게 작용하지 않을 때 약 30년 뒤에 해당 지역이 없어질 가능성이 높다는 의미다. 한국고용정보원이 조사한 결과에 따르면, 2020년 5월 기준 전국 시·군·구의 46%가 소멸위험지역으로 꼽혔다. 이 중 92%가 지방에 있다.

예전 정부들이 지역 불균형 문제를 해결하는 데 손을 놓고 있던 것은 아니다. 이미 참여정부 때부터 균형발전특별법을 만들고 균형발전 예산을 투입해 왔다. 2005년부터 16년 동안 자그마치 144조원을 쏟아부었다. 하지만 수도권 쏠림 현상과 지역 불균형, 나아가 지역 소멸은 눈앞에 닥친 위기가 됐다.

도시계획 전문가들은 과거의 팽창 위주 전략으로는 인구 감소 등의 어려움을 겪는 지방 중소도시를 살릴 수 없다고 본다. '선택과 집중'을 통해 쇠퇴 위기에 빠진 지방 중소도시를 생활권으로 묶어 강소도시로 재편해야 한다는 것이다.

구체적으로는 지방 중심도시에 생활·의료·교육 중 주요 지역 거점을 만들고 대중교통망을 확충해 근처 3~5개 지방 중소도시를 연결한다는 구상이다. 주변 도시에는 기초 서비스를 배치하는 식으로 자족 기능을 충족시킨다. 예를 들어 병원 서비스의 경우 거점도시에는 종합의료원을 설치하고, 다른 지역에는 보건소나 관련 의료시설 등을 배치하는 식이다.

최근 부산·울산·경남(부울경), 대구·경북, 강원·충청·호남 등 지방 자치단체들은 거점도시를 만들어 메가시티로 확산하는 전략을 시도하고 있다. 수도권 일극 체제에서 다극 체제로 전환해 국토의 생활권 단위를 활성화하는 것은 대한민국 경쟁력을 높일 수 있는 대안이기도 하다. 인구 100만명 이상 대도시를 하나의 도심 이외에 여러 부도심을 함께 발전시키는 다핵도시로 전환시키는 것이 도시 내 지속가능한 균형발전에 이바지한다는 연구 결과는 도시계획 학계에도 있다.

선진국도 우리나라처럼 국토 균형발전을 깊이 있게 고민하고 있다. 일본 오사카 중심의 간사이연합, 영국의 광역도시 전략, 미국의 지역 메트로폴리탄 전략 등도 메가시티 전략을 통해 국가 균형발전을 도모하고 있다.

특히 지방의 메가시티 전략이 대부분 철도역을 중심으로 고려된다는 점은 용산 개발이 하나의 사례가 될 수 있다는 점을 뒷받침한다. 용산과 똑같은 전략을 쓸 수는 없겠지만 국가의 선투자를 통해 광역급행철도 등 주요 간선교통망을 정비하고, 그 결과 인구와 산업을 끌어당겨 지역 중심을 만드는 용산 모델은 한국의 균형발전을 위한 시금석이 될 수 있다는 뜻이다.

06

서울 강북 대표 재건축 · 재개발 지역

한남뉴타운
─명실공히 서울 '황제 뉴타운'

용산구 한남재정비촉진구역(한남뉴타운) 재개발 사업은 서울 강북 한강변 노른자 땅으로 통한다. 별명도 '황제 뉴타운'이다. 용산이 개발된 이후 파괴력을 얘기할 때 이 지역이 꼭 빠지지 않는 이유이기도 하다.

이 사업은 최근 속도에 탄력이 붙고 있다. 한남3구역이 사업 7분 능선 격인 관리처분인가 절차에 돌입했고, 한남2구역은 사업시행인가를 받고 시공사 선정을 앞두고 있다. 지지부진하던 남은 구역 사업들도 속속 본궤도에 오르면서 용산구 한강변 일대 개발에 대한 기대감이 높아지는 모습이다.

한남뉴타운이 일반분양 시장에 나오려면 최소 2023년 상반기는 돼야 할 것으로 보인다. 그나마 개발 속도가 가장 빠른 한남3구역 기준이고, 나머지 3개 구역은 시기가 더 늦어질 가능성이 높다. 하지만 강남과 강북 도심권을 편하게 오갈 수 있는 데다 한강을 남쪽으로 보는 조망권도 강력해 개발 이익을 선점하고자 재개발 투자에 미리 나서는 수요가 많다.

한남뉴타운은 용산구 한남동 · 보광동 · 이태원동 · 동빙고동 일대 111만205㎡를 재개발하는 사업으로, 2003년 뉴타운으로 지정됐다. 5개 구역으로 돼 있었는데 정비구역에서 해제된 한남1구역을 제외한 한남2~5구역에서 재개발 사업이 진행 중이다. 워낙 여러 이해관계가 얽히다 보니 15년 넘게 개발이 지지부진했는데 최근 들어 속도가 붙기 시작했다.

한남2구역,
이태원역과 가장 가까워

한남2구역은 2019년 11월 사업시행인가를 받았다. 재개발 사업을 실제로 진행해도 된다는 지방자치단체의 허가를 받았다는 뜻이다. 아파트 설계 등에 관한 부분 등 까다로운 문제는 대부분 이 단계에서 정해진다.

한남2구역은 특히 2018년 9월 23일 사업시행인가 계획안을 용산구청에 제출해 최대 30% 임대주택 비율 적용을 극적으로 피했다. 재개발구역은 전체 주택의 최대 20% 수준에서 의무적으로 임대아파트를 짓게 돼 있었는데 이 비율이 2018년 9월 24일을 기점으로 최대 30%까지로 올랐다.

한남2구역 재개발은 용산구 보광동 일대 8만2821㎡ 땅에 새 아파트 30개 동, 1537가구를 짓는 사업이다. 한남뉴타운 중에선 지하철 6호선 이태원역이 가장 가깝다. 이태원관광특구에도 접근하기 쉽다는 뜻이다.

다만 한강변에 있지 않기 때문에 사실상 한강뷰를 확보하기가 어렵다는 점은 부담이다. 재개발 이후 아파트 단지가 가장 적게 만들어지는 부분도 단점이다. 또 이곳은 '한강변 중점경관 관리구역'에 포함돼 있어 한강변 층수 제한, 남산 고도 제한 등에 묶여 아파트 높이가 14층에 불과하다.

개발업계에서는 '2040 서울도시기본계획(2040 서울플랜)'에 따라 한남2구역이 유연한 '스카이라인 가이드라인'을 적용받을 경우 고도 제한이 완화될 수 있다는 기대감도 있었다. 하지만 현재로선 가능성이 높지 않아 보인다. 한남뉴타운은 2016년 9월 마련한 '한남지

단계(사업 진행 속도)
조합원 수
사업 후 가구 수
특징

정비구역 해제

한남1구역

한남2구역

6호선

녹사평역 · 이태원역

건축심의 통과(2)

909명
1,537가구
이태원역세권 관광특구 가까움

한남3구역

현대건설 시공사 선정(1)

3,880명
5,816가구
사업 속도 가장 빠름 면적 가장 넓음 일부 한강 조망

한남역

한남대교

강변북로

한남4구역

한남5구역

조합설립인가(4)

1,642명
2,634가구
한강 조망 가장 우수 용산민족공원 접근성 좋음

조합설립인가(3)

1,200명
2,595가구
사업성 가장 우수 신분당선 개통 시 가까움

한강

국립중앙박물관

용산가족공원

서빙고역 · 경의중앙선

반포대교

4호선

구 재정비촉진계획 변경지침'에 따라 구역별로 높이와 용적률을 계획했기 때문에 한남2구역에 대해서만 높이 규제를 완화하기 어렵다.

5816가구 매머드급 한남3구역

한남뉴타운에서 가장 사업 속도가 빠른 한남3구역은 2018년 6월 현대건설

을 시공사로 선정한 뒤 순조롭게 사업을 진행하고 있다. 한남3구역은 총 사업비만 약 7조원, 예정 공사비만 1조 8880억원에 달하는 역대 최대 규모 재개발 사업지다. 앞으로 한남3구역은 지하 6층~지상 22층, 197개동, 총 5816가구(임대 876가구)의 매머드급 대단지 '디에이치한남'으로 다시 탄생한다. 한남3구역은 최근 관리처분계획 공람 공고를 개시하고 관리처분 절차에 본격 돌입했다. 관리처분계획 공람은 사

업시행인가 이후 감정평가와 조합원 분양이 끝나면 진행되는 과정으로, 각 조합원의 분담금 또는 환급금이 구체화된다. 조합은 2022년 안에 관리처분인가를 받고, 이르면 2023년에 착공해 2025년 완공하겠다는 목표를 갖고 있다.

현대건설은 한남3구역에 현대백화점을 입점시킨다는 계획도 가지고 있다. 구역 전체가 언덕으로 돼 있어 일부 가구는 한강 조망권을 톡톡히 누릴 수 있다. 하지만 경사가 상당한 것은 한남3구역의 단점이기도 하다.

한남4구역, 상가 조합원이 많은 점은 부담

2595가구 규모 새 아파트를 지으려는 한남4구역은 최근 재정비촉진계획 변경안을 서울시에 제출했다. 그동안 한남4구역 재개발 사업에서 가장 큰 걸림돌이었던 신동아아파트를 철거하기로 결정하면서 조합 안에선 사업에 대한 기대감이 부쩍 높아졌다. 서울시는 오산중·고를 사이에 두고 붙어 있

는 한남4·5구역의 연계성을 높이는 방향으로 재개발을 추진 중이다.

한남4구역의 특징은 사업성이 가장 좋다는 것이다. 대개 재개발 사업에선 조합원 수가 적을수록 사업성이 좋다. 아파트 일반분양분을 많이 가져갈 수 있기 때문이다. 한남4구역은 조합원 수가 1200명으로 한남2구역(909명) 다음으로 적지만, 재개발 사업 후 가구 수는 2구역보다 70%가량 많다.

또 신분당선 서북부 연장선이 개통될 경우 동빙고역(가칭)이 근처에 만들어질 가능성이 커 역세권 효과를 누릴 수 있다는 점도 매력이다. 하지만 상가 조합원이 다른 3개 구역보다 많은 점은 부담이다. 재개발 사업에선 주택 조합원이 상가 조합원보다 많은 것을 유리하게 생각한다.

한남5구역, 노른자 입지 주목

한남5구역은 한남뉴타운에서도 가장 입지가 좋은 곳으로 꼽힌다. 사업의 가장 큰 걸림돌이 '변전소 이전 문제'였는데 2018년 한국전력과 변전소 이

전에 합의하면서 큰 고비도 넘겼다. 한남5구역 조합은 2018년 6월 보광변전소 이전과 관련해 변전소 용지를 당초 5500㎡에서 3100㎡로 축소하고, 이전 관련 비용을 조합이 부담하는 조건으로 한국전력과 합의하는 데 성공했다.

한남5구역은 현재 재정비촉진계획 변경안을 준비 중이다. 동빙고동 일대 용지가 18만6781㎡인 한남5구역에는 2634가구 규모 아파트 단지가 들어설 예정이다. 이 구역의 가장 큰 장점은 한강변과 바로 맞닿아 있다는 것이다. 거의 평지에 가까운데 한강 조망이 가능해 입지가 가장 뛰어나다는 평가를 받는다. 또 용산민족공원이 완성되면 걸어서 접근이 가능해 '공(원)세권'을 누릴 수 있다.

한남5구역 조합 관계자는 "변전소 용지 면적이 기존 안보다 2400㎡가량 감소하면서 이 땅을 활용해 사업성을 높일 수 있을 것"이라며 "촉진계획 변경과 건축심의 등 남은 인허가 절차를 최대한 신속하게 진행할 것"이라고 말했다.

정비구역 해제된 한남1구역도 공공 재개발 검토

2018년 정비구역에서 해제되면서 사업을 포기하는가 싶었던 한남1구역에서도 최근 사업 재개 분위기가 감지된다. 2021년 서울시 신속통합기획 공모에 지원했다가 탈락했지만, 2022년 다시 공공재개발 또는 2022년 신통기획에 참여할 가능성이 높다. 서울시가 2022년 1월 투기 수요를 막기 위해 한남1구역을 토지거래허가구역으로 지정하면서 이 같은 관측을 뒷받침하고 있다.

한남뉴타운 재개발 사업이 완료되면 1만200여 가구 규모 아파트 단지가 들어선다. 서쪽으로 동부이촌동, 동쪽으로는 한남동 한남더힐, 나인원한남 등 전통 부촌과 인접한 데다 북쪽으로는 남산, 남쪽으로는 한강 조망이 가능한 입지다. 서울 한가운데에 위치한 만큼 강북·강남 어디로든 이동하기 쉽다는 것도 장점이다. 게다가 유엔사 용지, 캠프킴, 수송부 용지 등 주한미군 이전으로 생긴 '알짜 땅'과 가깝다는 것도 큰 장점이다.

최근 한남뉴타운 전체가 사업에 속도를 내는 분위기이다 보니 가격도 많이 상승했다. 한남뉴타운 내 지분은 3.3㎡당 1억원을 호가하기도 한다. 현재 사업 속도가 가장 빠른 한남3구역에서는 30평대 아파트를 분양받을 수 있는 빌라 매물 호가가 20억원을 넘은 상태다.

다만 투자를 염두에 두고 있다면 구역별로 짧게는 3년, 길게는 10년 이상 돈이 묶일 수도 있다는 각오는 해야 한다. 구역별로 사업 속도가 다르지만 관리처분계획 수립, 관리처분인가 등 이주·착공까지 넘어야 할 산이 한둘이 아니다. 한남뉴타운 대부분 구역은 워낙 다양한 이해관계로 얽혀 있어 추가 분담금을 계산하는 과정도 만만치 않을 전망이다. 사업 도중 조합원 간 이해관계가 엇갈리거나 정부와 서울시 정책이 바뀌는 등 여러 변수로 재개발이 지연될 가능성도 배제할 수 없다.

교통망 핵심은 신분당선…
보광역 신설 '뜨거운 감자'

부동산업계에서 한남뉴타운의 가장 큰 단점으로 꼽는 부분 중 하나가 지하철 접근성이다. 한남2구역은 6호선 이태원역이 가깝고, 한남3구역도 경의중앙선 한남역을 이용할 수 있다곤 하지만 이들 말고는 지하철을 쉽게 이용하기가 어렵다.

이 같은 이유로 신분당선 연장선은 한남뉴타운 성공의 필수 요소로 꼽힌다. 이 노선은 현재 신사~정자~광교를 운행하는 신분당선을 용산까지 확대하는 연장 사업이다. 신논현역(9호선)~논현역(7호선)~신사역(3호선)으로 이어지는 1단계 구간은 2022년 5월 개통됐다.

2단계는 신사역에서 시작해 강북에 동빙고역(신설)~국립박물관역(신설)~용산역(정차)으로 이어지는 구간을 새로 짓는다. 이렇게 되면 용산역(1호선)에서 강남역(2호선·신분당선)까지 지하철로 가는 데 걸리는 시간이 39분에서 13분 정도로 줄어들기 때문에 용산에서 강남 접근성이 획기적으로 좋아진다. 신분당선이 2호선, 9호선과 함께 수도권에서 가장 영향력이 강한 지하철 노선으로 평가받는 이유다.

신분당선 강북 구간은 현재 용산구청 인근의 동빙고역과 용산역만 확정돼 있다. 국립박물관역은 아직 위치가 정해지지 않았다. 하지만 국토교통부가 2022년 초 신분당선 연장 사업 개선안을 마련해 주한미군, 국방부 등과 협의를 시작하면서 사업 추진에 대한 기대감이 높다.

협의가 본격화되면 '보광역' 신설 논의도 가시화할 것으로 보인다. 용산구와 서울시는 2단계 구간 노선을 일부 변경해 한남뉴타운 인근에 보광역을 신설해 달라고 정부에 요구하고 있다. 대규모 주거타운이 될 가능성이 높은 지역인 만큼 교통 개선이 필요하다는 이유에서다. 보광역의 유력한 위치로는 동빙고역과 신사역 사이, 대략 보광동주민센터 부근 삼거리가 꼽힌다. 다만 이 같은 요구가 받아들여지더라도 예비타당성조사와 역 신설에 들어가는 추가 비용 등의 문제가 남아 있다. 일각에서는 지방자치단체 여력 등을 감안하면 직접적인 수혜가 예상되는 한남뉴타운 조합원들이 비용을 대는 방안이 가장 현실적이라는 이야기가 나온다.

신분당선 2단계 개통은 당초 2025년에서 2030년 이후로 늦어질 전망이다. 2단계 착공을 위해서는 이 노선이 지나는 용산공원 용지 현장조사와 그에 따른 설계가 선행돼야 하는데, 그동안 땅을 점유하고 있는 미군 측이 현장조사 불가 방침을 고수하면서 조사가 지연돼 왔다. 정부는 당초 2018년 안에 현장조사를 끝내고 2019년 초에는 공사에 들어간다는 방침이었다. 정부는 신분당선 2단계 공사 기간을 72개월로 추산하고 있다.

동부이촌동
재건축 · 리모델링
-"강남 기다려" 전통 부촌의 귀환

───

동부이촌동은 우리나라에선 처음으로 '아파트 부촌(富村)' 명성을 얻은 곳이다. 원래 한강변 백사장이었던 이 지역은 1967년 김현옥 당시 서울시장이 한강변 개발계획에 따라 매립 공사를 시작하면서 아파트촌으로 바뀌었다. 10평 안팎의 아파트가 더 흔했던 시절 27~57평 초대형 평형으로만 구성된 '한강맨션' 같은 아파트들이 들어섰고, 꽤 오랜 기간 강 건너편 반포 · 압구정지구와 함께 한국을 대표하는 부자 동네였다.

하지만 2000년대 이후 이촌동은 서울 강남권에 밀리는 듯한 모습을 보인다. 가장 큰 원인은 노후도였다. 하수관에 수시로 문제가 생기는 등 아파트는 점점 낡아 갔지만 재건축 사업은 지지부진했다.

최근 용산구 동부이촌동 아파트 단지가 재건축 · 리모델링 등 정비 사업에 속도를 내고 있다. 오랜 기간 정비 사업이 중단돼 많게는 50년, 적게는 20년 넘은 아파트들이 일제히 새 아파트로 변신을 시도하면서 과거 '전통 부촌' 명성 되찾기에 나섰다. 대통령 집무실이 용산으로 옮겨지고, 한남뉴타운 등 근처 개발 사업이 궤도에 오르면서 동부이촌동에 대한 기대감은 점점 높아지는 상황이다.

이촌동 '투톱'
한강맨션 · 신동아

한강맨션은 동부이촌동의 상징과 같은 아파트다. 한국토지주택공사(LH)의 전신인 대한주택공사가 중산층을 대상으로 처음 지은 고급 아파트로, 1971년 준공됐다. 지어진 지 무려 46년 만인 2017년 6월 재건축조합이 설립됐다.

이후 사업 단계를 차근차근 밟아 2021년 9월 사업시행인가를 받은 뒤 GS건설을 재건축 시공사로 선정했다. 재건축이 끝나면 기존 660가구에서 1441가구 대단지로 탈바꿈한다.

한강맨션의 최대 장점은 낮은 용적률이다. 서울에 거의 남아 있지 않은 5층 아파트라 용적률이 101%에 불과해 사업성이 뛰어나다. 이촌동 일대 중개업소에서는 한강맨션의 경우 재건축을 통해 27평형은 40평형을, 37평형은 52평형 아파트를 분양받을 것으로 내다봤다. 또 지하철 4호선 이촌역과 가깝고, 단지 남쪽은 한강변에 접해 있어 노른자위 입지로 평가받는다.

신동아아파트는 '동부이촌동'에 포함시킬지를 두고 시각이 엇갈린다. 이곳은 일반적으로 동부이촌동을 묶는 행정구역인 이촌1동이 아니라 서빙고동이기 때문이다. 하지만 생활권이나 일반적인 이미지로 볼 때 동부이촌동으로 묶는 게 맞다는 의견이 많다.

신동아아파트는 강력한 한강 조망권이 가장 큰 매력으로 꼽힌다. 이 아파트는 단지 남측으로 한강과 접해 있는데, 길이가 1km에 달한다. 한강맨션(330m)보다 더 길다. 게다가 한강을 선형으로 보고 있어 재건축 후 파노라

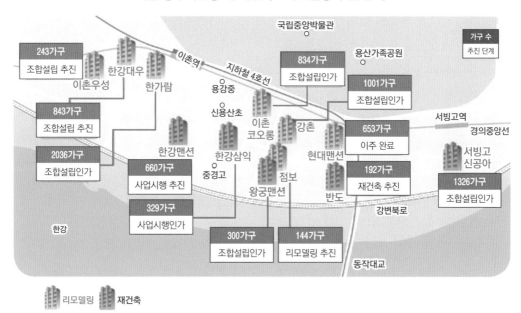

서울 동부이촌동 내 재건축 · 리모델링 추진 단지

국립중앙박물관

243가구
조합설립 추진
한강대우
이촌우성
한가람

이촌역
지하철 4호선

834가구
조합설립인가
용산가족공원

1001가구
조합설립인가

가구 수
추진 단계

843가구
조합설립 추진

용강중
신용산초

이촌
코오롱
강촌

서빙고역
경의중앙선

2036가구
조합설립인가

한강맨션

한강삼익

현대맨션

653가구
이주 완료

서빙고
신공아

660가구
사업시행 추진

중경고

점보

192가구
재건축 추진

1326가구
조합설립인가

329가구
사업시행인가

왕궁맨션

반도

강변북로

한강

300가구
조합설립인가

144가구
리모델링 추진

동작대교

리모델링   재건축

마 조망이 가능할 것으로 평가받는다. 동부이촌동에서 지하차도를 건너야 한다는 점과 경의중앙선, 동작대교 등에 둘러싸여 입지가 폐쇄적인 부분에 대해선 평가가 엇갈린다. 교통이 불편하다는 주장과 '닫힌' 입지 때문에 부유층이 오히려 좋아할 수 있다는 시각이 함께 존재한다.

현재 1326가구 규모인 신동아아파트는 재건축 사업을 통해 1620가구 규모로 변신할 예정이다. 2021년 조합설립인가를 받았다.

한강삼익 · 왕궁 · 반도 소규모 3인방

한강맨션 옆쪽으로 늘어선 한강삼익 · 왕궁맨션 · 반도아파트는 이촌동 재건축 '소규모 3인방'으로 불린다. 단지 규모는 200~300가구에 불과하지만 입지로는 한강맨션이나 신동아아파트와 비교해도 밀리지 않는다는 평가를 받는다. 한강맨션이 재건축 사업시행계획인가를 받아내면서 이들도 나란히 재건축에 속도가 붙을 것이라는 기대가 크다. 일대 정비 사업이 마무리되면 용산공원 남쪽 한강변에만 7000~8000가구 규모의 새 아파트 단지가 조성된다.

한강맨션 바로 옆에 있는 한강삼익은 이미 2020년 6월 사업시행인가를 받았다. 이촌동에서 재건축 추진 단지가 사업시행인가를 받아낸 건 2009년 '래미안 첼리투스'(옛 렉스아파트) 이후 11년 만이다. 한강삼익은 2022년 관리처분계획인가를 추진하고 2023년에 철거·주민 이주를 진행하겠다는 계획이다. 단지가 한강에 붙지는 않았지만 바로 앞에 중경고등학교가 있어 저층이 아니면 한강 조망이 가능할 것이라는 평가다.

한강변에 위치한 왕궁맨션도 건축심의를 끝내고 재건축을 위한 사업시행계획인가를 신청해 기다리고 있다. 왕궁맨션은 일반분양을 통한 수익이 없는 1대1 재건축 방식의 사업을 추진 중이다.

반도아파트는 신동아아파트를 제외하면 동부이촌동에서 가장 동쪽에 붙어 있다. 은근히 조용한 입지라 폐쇄성은 신동아아파트 못지않다. 현재 주민들끼리 재건축 사업 추진을 논의 중인 것으로 알려졌다.

정비업계에선 이촌동 대표 단지가 한강맨션과 신동아아파트인 것은 분명하지만 '소규모 3인방'의 입지도 떨어지지 않는다고 평가한다. 앞의 두 아파트에 비해 가격 면에서도 장점이 있다.

리모델링도 활발

이촌로를 사이에 두고 공원 쪽(북측)에 위치한 단지들은 리모델링이 활발하다. 2018년 5개 단지를 묶는 통합 리모델링을 추진했다가 무산됐지만 인근에 개발 호재가 잇따르면서 단지별 리모델링을 다시 추진하고 있다.

리모델링 사업 속도가 가장 빠른 곳은 최근 이주를 마친 현대맨션이다. 1974년에 지어진 이 단지는 2006년 조합을 설립해 용산구에서 처음으로 리모델링 사업을 추진했다. 롯데건설을 시공사로 선정했고 기존 653가구에서 3개 동을 따로 지어 750가구 새 아파트로 탈바꿈한다. 리모델링 사업으로는 최초로 고급 브랜드인 '르엘'을 도입하며 시장 관심을 한 몸에 받았다.

이촌코오롱아파트와 강촌아파트, 건

영한가람아파트 등도 최근 리모델링 사업을 추진하며 조합설립인가를 잇달아 받았다. 곧 시공사 선정 절차에 돌입할 계획이다.

1001가구 규모인 강촌아파트는 2022년에 준공 24년 차를 맞았다. 재건축도 고려했지만 사업 가능 연한(준공 30년)을 채우지 못한 데다 현재 용적률이 높아 사업성이 오히려 떨어져 리모델링으로 방향을 돌렸다. 강촌아파트는 리모델링 후 113가구가 더 늘어날 것으로 전망된다. 시공사로는 현대건설을 선정해 리모델링이 성공적으로 끝나면 '디에이치(The H)' 브랜드를 적용할 예정이다.

1999년에 입주를 시작한 이촌코오롱아파트는 리모델링을 통해 기존 834가구에서 959가구로 늘어난다. 시공사로 선정된 삼성물산은 '래미안 이스트빌리지(East Village)'를 새로운 단지 이름으로 제안했다. 용산가족공원이 인접한 단지의 특성을 반영해 스카이커뮤니티를 조성하고, 거실 방향을 공원 쪽으로 배치해 집에서도 탁 트인 조망을 즐길 수 있는 설계를 제안했다.

건영한가람아파트는 이촌로 북쪽 아파트 중 대표 격이다. 일단 규모가 2036가구로 가장 크다. 1998년에 입주를 시작해 리모델링 연한인 15년도 채웠다. 벌써부터 대형 건설사들이 현수막을 내걸고 수주전에 대비하고 있다. 이 중에는 현대건설의 고급 브랜드인 '디에이치'도 포함돼 있다.

하지만 리모델링 사업에는 주의해야 할 점도 많다. 일단 이촌동 아파트들은 일부를 제외하고 용적률이 300%가 넘어 사업성이 아주 좋은 편은 아니다. 별동 증축(동 추가)이 가능할 정도로 땅이 넓은지, 단지 배치가 건물이 앞뒤로 뚱뚱해지는 리모델링을 받아들일 수 있는지 등을 꼼꼼히 따져 봐야 한다.

한강맨션에 68층 제안

이촌동 재건축 단지들은 2021년 오세훈 서울시장이 취임한 이후 언급된 높이 규제 완화를 예의 주시하고 있다. 오 시장이 취임한 이후 서울시는 한강변 주동 15층 규제와 최고층 35층 규제를 폐지하는 방침을 이미 밝혔다.

실제로 한강맨션 조합 측은 사업시행계획인가 신청 당시 조감도와 배치도를 구청에 제출하지 않은 것으로 확인됐다. 현재 계획안에 따르면 한강변 주동은 15층, 다른 동은 최고 35층으로 계획돼 있지만 '2040 서울플랜'에 따라 설계가 변경될 가능성이 높기 때문이다. 시공사로 선정된 GS건설도 기존 35층 설계안과 별도로 68층 초고층 설계를 반영한 대안 설계안을 함께 제안했다. 현재 이촌동에서 가장 높은 층수를 기록 중인 아파트는 56층인 래미안 첼리투스다. 왕궁맨션 등도 2040 서울플랜을 염두에 두고 사업 진행 시기를 조율하고 있는 것으로 알려졌다. 동부이촌동을 이야기할 때 빠지지 않는 또 다른 요소가 경의중앙선이다. 철로가 지상을 관통하기 때문에 이촌동 교통을 단절시킨다는 지적을 많이 받아서다. 특히 국립중앙박물관과 용산가족공원에 접근할 때 불편하다는 얘기가 다수다.

2000년대 초반 이촌동 일대를 지나는 경의중앙선 철로를 지하화하자는 주장이 나온 적이 있다. 하지만 이촌역과 철로가 기존 도로·시설물과 밀접해 있어 현실적으로 쉬운 상황은 아니라는 평가가 많다.

동부이촌동이 최근 강 건너편 압구정·반포에 밀리는 듯한 인상을 준 것은 확장성이 부족했던 탓이 크다. 반포~잠원~압구정~청담이 일종의 '고급 주거지 벨트'를 만든 것과 달리 동부이촌동을 받쳐줄 만한 주거지역이 없었기 때문이다. 하지만 앞으로는 상황이 많이 달라질 것이라는 게 부동산 전문가들의 설명이다. 실제로 용산구 곳곳에서는 대형 주택개발 사업이 진행되고 있다. 앞에서 언급한 한남뉴타운 외에도 용산 정비창부터 삼각지역을 아우르는 지역엔 용산 정비창을 비롯해 삼각맨션·한강로158 재개발, 용산 아세아아파트 재건축 등 굵직한 개발 사업이 예정돼 있다. 캠프킴, 유엔사 용지, 수송부 용지 등 주한미군 이전으로 생긴 '알짜 땅'과 300만㎡에 이르는 용산공원 개발까지 예정돼 있어 주거환경이 크게 개선될 전망이다.

물론 동부이촌동을 비롯한 용산 일대 개발계획은 '초대형' 프로젝트여서 장기적 관점에서 접근해야 한다는 지적이 많다. 정치·경제 상황 등에 따라 사업 진행 과정이 심하게 출렁일 수 있기 때문이다.

성수전략정비구역

─한강 르네상스로 '50층 개발' 재시동

───────

서울숲을 중심으로 한 서울 성수동 일대는 최근 개발 사업에 중대한 전환점을 맞고 있다. 한강변에 50층짜리 초고층 아파트를 짓는 내용의 재개발을 추진 중인 성수전략정비구역은 현재 강북권 재개발 지역 중에서 한남뉴타운과 함께 최고의 '블루칩'으로 꼽힌다. 부동산 개발업계에서 '한남~성수~압구정~반포'로 이어지는 지역을 서울에서 가장 폭발력이 높은 지역으로 꼽는 이유다. 성동구에 포함된 성수동이 용산 개발의 영향을 어느 정도 받는다는 관측도 이와 관련 있다. 지금도 갤러리아포레, 아크로서울포레스트, 트리마제 등 최고급 주상복합 아파트와 다양한 전시 · 공연장, 카페 등이 어우러지며 '힙(Hip)'한 지역으로 떠오르고 있지만 성수동 일대는 아직도 변신할 기회가 많다.

서울에서 유일하게 남은
한강 르네상스

성수동은 과거 구로 · 영등포와 함께 서울의 대표적인 준공업지대였다. 하지만 계속된 노후화 때문에 뉴타운 후보지로 거론되다가 2007년 오세훈 당시 서울시장이 발표한 한강 르네상스 사업 일환으로 '전략정비구역'으로 지정됐다. 사업은 이후에도 순항해 2011년 최고 50층 높이로 건물을 짓는 개발안이 결정 고시됐다.

하지만 박원순 전 서울시장이 시정을 잡으면서 사업은 큰 암초를 만난다. 성수전략정비구역은 1 · 2 · 3 · 4지구로 나뉘어 있는데, 가장 나중에(2020년 3월) 조합설립인가를 받은 2지구를 제외하고 나머지 3개 지구는 몇 년째 건축심의 추진 단계에 머물렀다. 이

시기에 서울시가 제시한 정비계획 가이드라인에서 최고 층수를 50층에서 35층으로 낮추겠다는 소문까지 돌아 주민 반발이 매우 컸다.

그러나 오 시장이 돌아오면서 지역 주민의 기대감은 높아지고 있다. 이미 '35층 규제 완화'가 발표된 데다 오 시장이 한강 르네상스 계획을 만든 사람인 만큼 사업에 탄력이 붙는다고 보기 때문이다. 특히 성수동은 한강 르네상스 계획의 유일한 '생존자'인 만큼 사업 속도가 가장 빠를 것으로 전망돼 부동산 시장에서 주목도가 높다. 2007년 서울시는 전략정비구역 5곳(합정 · 여의도 · 이촌 · 압구정 · 성수)과 유도정비구역 5곳(망원 · 당산 · 반포 · 자양 · 잠실)을 한강변에 지정했는데 성수동만 제외하고 나머지 9곳 모두가 중도 취소됐다. 정부 방침이 바뀌어도

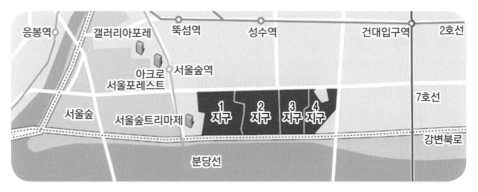

성수전략정비구역 개요

구역	성수1지구	성수2지구	성수3지구	성수4지구
면적(㎡)	19만4,398	13만1,980	11만4,193	8만9,828
가구 수(가구) *임대 포함	2,909	1,907	1,852	1,579
사업 단계	건축 심의와 사업시행인가 추진	건축 심의와 사업시행인가 추진	건축 심의와 사업시행인가 추진	건축 심의와 사업시행인가 추진
특징	서울숲, 지하철 분당선 인접	강변북로 지하화 시 최대 수혜지	가격이 상대적으로 저렴	재개발 시 뒤쪽 동까지 한강 사선 조망 가능

개발 첫 단계부터 다시 밟아야 하는 다른 지역과 달리 성수동은 하던 사업을 진행만 하면 돼 속도가 붙을 수 있다.

서울숲 일대와
연계 개발 기대감 높아

특히 이 일대는 근처 서울숲과 하나의 고급 주거 클러스터를 만들 것으로 기대된다. 서울숲 일대는 이미 최고급 주상복합 아파트와 전시 · 공연장, 특급호텔 등이 어우러진 문화산업 복합 클러스터로 개발되고 있다.

실제로 성동구는 2021년 2월 서울숲 인근 성수동 1가 부영호텔 건립 용지(특별계획구역4 · 685의 701)와 아크로서울포레스트 용지(특별계획구역3 · 685의 700)에 문화 공간을 조성하는 내용의 '뚝섬 지구단위계획 및 세부개발계획 결정안'을 재열람했다.

이 결정안에 따라 부영호텔 용지에 최

고 48층짜리 주상복합 2개동과 5성급 관광호텔 1개동을 짓는 계획도 확정됐다. 부영은 이 땅에 2024년까지 340가구의 주상복합을 지을 예정이다.

문화 공연장과 전시장도 상당수 들어선다. DL이앤씨(옛 대림산업)가 아크로서울포레스트를 짓고 남은 땅엔 전문 전시장을 짓는다. 전문 전시장에서는 DL이앤씨 관계회사인 대림문화재단이 D뮤지엄 등을 운영한 노하우를 접목해 나양한 지역 연계 프로그램을 운영할 계획이다. 부영호텔 옆에도 다목적 공연이 가능한 800석 이상의 중대형 공연장이 들어선다.

서울숲 주차장 용지에도 한강 조망이 가능한 주상복합을 지을 수 있다는 관측이 나온다. 1만9600㎡ 규모로 지금은 자연 녹지여서 주차장으로 쓰는 땅이다. 서울시가 이 주차장의 용도지역을 준주거지역으로 올려 주상복합 등을 지으려고 한다는 얘기가 계속 나오고 있다.

마지막 퍼즐
'강변북로 지하화' 가능할까

부동산 전문가들은 성수전략정비구역의 또 다른 핵심 개발계획인 강변북로 지하화가 가능할지에도 관심을 기울이고 있다. 만일 이 계획이 성공한다면 성수동 일대 한강변은 말 그대로 천지개벽하는 것이고, 무산되면 초고층 주상복합 클러스터로만 남는 것이기 때문이다. 강변북로 지하화 계획에 따라 성수전략정비구역의 가치가 엄청나게 달라진다는 뜻이다.

'성수전략정비구역 정비계획'엔 강변북로를 지하화해 대규모 문화공원을 조성하고, 성수동에서 한강으로 자유롭게 접근할 수 있는 보행로를 만든다는 계획이 포함돼 있다. 당시 계획에 따르면 먼저 강변북로를 지하화한 480m 구간 상부와 기부채납한 토지 등을 이어 서울숲과 뚝섬유원지를 연결하는 1km 띠 모양의 대형 공원을 만든다. 공원 안에는 공연·전시시설, 창작스튜디오, 어린이도서관 등 다양한 시설을 함께 설치한다는 방안을 담았다. 한강을 넘어 압구정까지 이어지는 1km 길이의 보행교를 만든다는 계획도 있었다.

하지만 서울시는 2020년 강변북로 지하화가 현실적으로 어렵다는 입장을 보였다. 이 사업은 성수전략정비구역 4개 지구가 비용을 같이 부담(기부채납)한 후 추진해야 하는데, 지구마다 사업 속도가 달라 프로젝트를 한 번에 진행하기 어렵다는 이유 때문이었다. 투입 예산 대비 효용성이 떨어진다는 점도 또 다른 이유였다. 이 때문에 △지하화 완전 백지화 △덮개 공원으로 변경 등 다른 대안을 선택해야 한다는 주장이 나오고 있었다. 지하화를 완전히 포기하면 자칫 용적률 혜택도 못 받을 수 있는 만큼 앞으로의 추이는 초미의 관심사다.

1~4지구 입지 · 한강 조망 효과 다 달라

성수전략정비구역 4개 지구 중 입지가 가장 좋은 곳은 1지구다. 서울숲과 지하철 분당선 서울숲역이 가장 가깝다. 트리마제 바로 옆이라 갤러리아포레, 아크로서울포레스트 등과 거대한 블록을 만들 수 있다는 평가다. 성수

대교를 이용하기 편하고, 영화관 메가박스 등이 근처에 있다. 면적도 19만 4398㎡로 4개 지구 중 가장 넓다.

2지구는 그동안 사업 속도가 가장 느려 상대적으로 주목을 덜 받았다. 하지만 강변북로 지하화에 성공할 경우 최대 수혜지로 꼽힌다. 지하화를 통한 대규모 공원이 1지구의 절반과 2지구 전체를 가로질러 만들어지기 때문이다.

4지구는 일반분양이 많이 나올 것으로 예상돼 주목받는다. 전략정비구역에서 가장 오른쪽으로, 영동대교를 이용하면 압구정동 · 청담동으로 바로 이동할 수 있다. 특히 한강을 대각선으로 조망할 수 있어 재개발이 끝나면 뒤쪽에 위치한 동에서도 한강을 볼 수 있을 것으로 예상된다.

3지구는 입지 측면에선 다른 지구보다 조금 떨어지지만 가격이 상대적으로 저렴하다. 지하철 2호선 성수역을 이용하기도 쉽다.

현재 30평형대를 배정받을 수 있는 매물(추정분담금 포함)을 기준으로 시세는 20억원에 약간 못 미친다. 하지만 트리마제 전용 84㎡ 호가가 30억원을 넘어 가격 상승 여력은 충분하다는 평가다.

다만 이 지역 전체가 토지거래허가구역으로 묶인 점은 굉장한 부담이다. 토지거래허가구역으로 지정되면 해당 지역에서 일정 면적 이상의 주택, 상가, 토지를 거래할 때 관할 구청장의 허가를 받아야 한다. 이 때문에 실거주 거래만 허가해 사실상 전세를 끼고 사는 갭투자가 불가능하다.

블루보틀도 둥지…소녀시대, 슈퍼주니어 등 '연예인' 몰려

성수동은 서울에서도 매우 특이한 모습과 독특한 감성을 지닌 지역으로 꼽힌다. 미국의 유명 커피 브랜드인 블루보틀이 한국에서 처음으로 점포를 냈으며, 핫한 빵집과 카페가 주말마다 인스타그램에 소개되고 '인싸'들이 줄을 선다. 하지만 한편엔 아직도 옛날 모습을 지닌 중소 제조공장들이 모여 있다.

성수동은 한강과 중랑천이 만나는 곳, 압구정과 청담을 마주 보는 한강변에 있다. 자연적으로 매우 좋은 입지이지만 예전부터 장마철이면 중랑천의 물이 넘쳐 자주 잠기곤 했다. 그때 만들어진 일시적인 섬이 바로 뚝섬이다.

이곳은 예전부터 '말'과 역사를 함께한 지역이었다. 말 목축을 금지했던 병자호란 이전의 조선 시대에는 이 일대가 전국에서 가장 큰 말 목축장이었다. 1954년 5월 8일엔 한국마사회가 뚝섬에 경마장을 열었다. 35년간 시민의 사랑을 받았던 경마장은 1989년 지금의 과천 렛츠런파크(옛 경마공원)를 열면서 문을 닫았다. 5년 후 근처에 있던 골프장까지 문을 닫으면서 서울시의 '서울숲' 조성 프로젝트가 시작됐다.

또 성수동은 '민자 1호 산업단지'로 불릴 만큼 거대한 중소기업의 요람이었다. 1970년대 들어 이곳은 직원 수 5~30명의 제조업체가 약 2900개에 이를 정도로 규모가 커진다. 그러나 1970년대 말 구로공단, 안산 반월공단이 생기며 기계공장, 철공소 등이 하나둘 성수동을 떠났다. 비싼 인건비와 임대료를 견디지 못한 탓이 컸다.

조금씩 사람들이 사라져 생기를 잃어가던 성수공단에 변화의 바람이 분 것은 1990년대 후반부터다. 실리콘밸리 열풍과 함께 성수에도 벤처기업이 속속 입주했기 때문이다. 을지로 등에서 넘어온 인쇄업체와 알짜 중견 제조업체도 입주하며 성수는 블루칼라와 화이트칼라가 섞인 '도시형 밸리'로 변신했다. 공장의 외형도 '아파트형 공장'으로 변신하며 기존 2층, 3층에서 10여 층 규모로 올라갔다.

2010년대에 들어서면서 성수동 일대는 다시 한 번 탈바꿈했다. 기존에 성수에 있던 제지업체 등이 떠나면서 빈 공장 용지가 복합 문화공간으로 개조됐고, 20·30대가 대규모 창업 열풍을 일으켰다. 특이한 사실은 점포들이 공장과 상가의 외관은 유지한 채 내부를 개조해 골목의 편안한 분위기를 그대로 살렸다는 점이다.

대림창고, 어니언 등이 대표적 사례인데 최근에는 공신닷컴, 마리몬드 등 신생 기업과 SM엔터테인먼트 등 연예기획사도 둥지를 틀었다. 이로써 성수동은 옛날 공장의 모습을 지닌 개성 있는 거리로 자리 잡고 있다. 테이트모던 미술관을 중심으로 하는 영국 런던 뱅크사이드를 연상케 하는 대목이다. 한강 르네상스의 포문을 열었던 갤러리아포레는 한화건설이 갤러리아백화점의 고급 이미지를 차용해 2008년부터 분양한 주상복합 아파트다. 처음부터 '현금 자산 100억원 이상, 연간 백화점 쇼핑 금액 1억원 이상, 서울옥션(미술품 경매) VIP 고객'을 주요 타깃으로 삼을 정도로 철저히 고급화를 노렸다. 이후 트리마제, 아크로서울포레스트 등이 입주하며 성수동 일대는 연예인도 많이 거주하는, 이른바 '힙' 타운으로 변신했다. 이곳에는 소녀시대 태연·써니, 슈퍼주니어 이특·은혁·동해 등이 살고 있고, 방탄소년단(BTS) 제이홉 등도 아파트를 보유하고 있는 것으로 알려졌다.

용산에 자유를 준다는 것

200년 전 프랑스 파리의 모습은 지금과 사뭇 달랐다. 전형적인 중세도시였다. 구불구불하고 폭이 좁은 미로 같은 골목, 다닥다닥 붙어 대낮에도 빛이 들어오지 않는 집, 상하수도가 정비되지 않아 하수와 오수가 넘쳐 나는 도시. 이 도시가 지녔던 심각성은 인구가 65만명이었던 1832년 콜레라가 발생했을 때 무려 2만명이 숨졌다는 사실에서도 읽을 수 있다.

도시 형태가 중세에서 근대로 넘어가는 기념비적인 걸작으로 평가 받는 파리의 변화는 1853년에 시작됐다. 나폴레옹 3세와 센현 지사 조르주 외젠 오스만(Georges Eugene Haussmann) 주도로 시작된 파리 재개발은 크게 다섯 가지 원칙 아래에서 진행됐다. 교통을 위해 도시 중심을 관통하는 대로(boulevard), 개선문·루브르궁 등 가로축에 설치된 상징물, 상하수도와 학교·병원 인프라스트럭처 확보, 풍부한 녹지 공간, 그리고 도로와 주요 관공서는 파리시가 개발하되 나머지 땅은 민간이 개발하는 혼합 방식이었다. 제국주의의 서슬 퍼런 칼날 아래 진행된 작업이었음에도 파리 대개조는 기존 공동체가 해체된다는 비판에 직면하는 등 당시에도 많은 반대에 부딪혔다. 프랑스·프로이센 전쟁, 파리코뮌, 대화재 등 프로젝트 자체를 위협하는 위기도 많았다. 건설 당시엔 '흉측한 괴물'로 불렸던 파리 최고의 이정표, 에펠탑이 만들어진 1889년을 이 작업의 마무리라고 본다면 파리 대개조는 무려 36년이라는 긴 시간이 걸렸다. 하지만 프랑스 정치인과 국민은 숱한 논란 속에서도 파리를 끊임없이 개조했고, 지금까지 이어지는 파리의 모습을 탄생시켰다. '노동자와 빈민들을 쫓아내면서 남아 있는 이들도 뭉치지 않도록 통제하는 게 대개조의 진짜 목적'이었다는 비판도, 현재 파리가 세계인에게 사랑 받는 도시라는 사실만은 지울 수 없을 것이다.

도시계획에서 비전은 매우 중요하다. 어떤 방식으로 도시의 미래상을 설정하고, 개발을 추진하는지에 따라 도시 모습은 완전히 달라진다. 비전이 없다면 도시는 현재의 요구를 받아들이지 못하고 결국 쇠퇴한다.

이 책은 '도시 한복판을 내버려 둔 상태인 서울의 비전은 무엇인가'라는 질문에서 시작했다. 우리는 용산이 왜 중요한 입지이고, 왜 지금까지 개발되지 못했으며, 지금 해결해야 하는 문제는 무엇인지, 앞으로 어떤 방향으로 개발해야 할지 등을 살펴봤다. 냉정하게 말하면 서울의 문제는 용산에만 있는 것은 아니다. 현재 서울의 뼈대는 1966년 서울도시기본계획에서 등장한 개념을 그대로 사용하고 있다. 강남과 강북의 격차, 낡은 도로와 철도 양편으로 단절된 지역, 4차 산업혁명을 담아내지 못할 낡은 인프라스트럭처 등 서울의 도시계획은 50년이 넘는 기간

동안 한발도 나아가지 못했다.

'신용산 시대'는 기본적으로 용산에 관심이 많은 투자자를 위한 책이지만, 도시개발의 여러 콘셉트도 담았다. 지하화를 꺼내 봤고, 용적률 거래제도 제시해 봤다. 도심항공교통(UAM) 수직이착륙장, 링킹파크 등 아직 현실화하기 어려운 도시계획 시설도 다뤘다. '서울의 미래를 위해 뭐라도 해 보자'라는 생각 때문이었다.

르네상스는 중세 시대 봉건제도로 억압됐던 개인의 창조성을 일깨우자는 시대정신이었다. 르네상스 운동을 기점으로 유럽의 정치·산업·예술은 모두 폭발적으로 성장했다. 이제 우리도 각종 규제로 억압됐던 용산에 자유와 희망을 돌려줘야 한다. 용산이 품고 있는 경제·문화·교통의 잠재성을 폭발시켜 서울시민이 그 열매를 누려야 할 때다. 이 책을 읽는 분들 중 우리의 상상력을 뛰어넘는 비전을 가진 '혁신적 천재'가 있기를 기대해 본다. 주요 7개국(G7)으로 가는 길을 단축시킬, 미래 수도 서울을 재창조하기 위한 발걸음은 지금부터다.

新용산시대

초판 1쇄   2022년 6월 7일

지은이   손동우 정석환 유준호
펴낸이   서정희
펴낸곳   매경출판㈜
등록   2003년 4월 24일(No. 2-3759)
주소   (04557) 서울시 중구 충무로 2(필동1가) 매일경제 별관 2층 매경출판㈜
인쇄·제본   ㈜M-print   031)8071-0961

ISBN 979-11-6484-424-1(03320)